별의 이상을 꿈꾸다

- 우리들의 마르티

<일러두기>

이 책은, 아바나에 있는 마르티아노 연구센터에서 발행한
『우리들의 마르티(Nuestra Marti)』(Herminio Almendros, 2012)를
함께 읽으면서 많이 참고하였습니다.

1. 호세 마르티가 지칭하는 아메리카는 라틴아메리카임을 밝힙니다.
   미국을 가리키는 용어가 아닙니다.
2. 작품명과 연설제목은 「 」, 책은 『 』, 신문은 〈 〉, 잡지는 《 》 등으로 표시하였습니다.
3. 각주에서 사용한 약어부호는 아래와 같습니다.
   - O.C(Obras Completas) - 호세 마르티 전집('t'는 '권'을 가르킴)
   - OCEC(Obras Completas Criticas) - 호세 마르티 주석본 전집
4. 함께 공부하며 번역하였습니다.
   - 1~2장, 8~13장 : 장현수
   - 3장, 14~17장 : 이연실
   - 4장, 5~7장 : 조소현
   - 18~21장 : 김수우

별의 이상을 꿈꾸다

- 우리들의 마르티 Nuestra Marti

이연실 장현수 조소현 김수우 공동번역

道깨비

서문

우리에게 낯선 이름, 호세 마르티. 그는 쿠바의 시인이며 독립운동가이며 국부이다. 새로운 인간과 새로운 문화를 꿈꾼 라틴아메리카의 혁명적 사상가인 마르티는 교육자, 정치가이기 이전에 매순간 절박한 최선을 살아낸 사랑의 사도였다. 42세의 짧은 생애로 쿠바의 독립전쟁에서 전사했지만 그는 인간의 진정한 진보에 기여하고자 했고, 그 시대에 맞는 통찰력과 독창적 사고를 강조했다. 인간 해방의 문화, 민중의 자유와 영성, 자연과 조화를 이루는 윤리, 라틴아메리카 대륙의 진정한 균형 등 그가 남긴 유산은 위대하다.

그를 지시하는 수식어 중에서 가장 앞자리는 시인이라는 이름이다. 시는 그에게 사유의 검이었고, 별빛 총총한 깃발이었다. 그가 내세운 따뜻하고 견고한 윤리, 그리고 창의적 언어들은 오늘날에도 시대를 꿰뚫고 있다. 중요한 문학적인 작업인 그의 시집 『어린 이스마엘』, 『소박한 시』 그리고 유고시집 『자유로운 시』에서 그가 변환시킨 19세기 후반 스페인어의 형식은 얼마나 새롭고 강렬한가. 또한 그에 의해서, 완전하게 작성된 라틴아메리카의 아이들을 위한 월간지 《황금시대》는 얼마나 탁월했던가.

그 모든 멍에를 딛고, 그는 별이 되었다. 문학도, 혁명도, 사랑도 그에게 모두 아름다운 소명이었다. 그래서 그는 추방자로 살며 유랑하는 동안 그 고독을 장엄하게 승화시켜낼 수 있었던 것이다. 1895년 오랜 준비 끝에 쿠바의 동부해안으로 잠입하면서 시작한 제2차 독립전쟁, 이 전쟁을 그는 '사랑의 전쟁'이라고 불렀다. 그만큼 그는 모든 사건은 사랑을 바탕으로 진행되어야 함을 주장했다. 몇 주 후 도스리오스의 전투에서 그는 전사하고 말았지만, 그것은 결정적인 문학을 수행한 것이었다. 쿠바의 자연과 자유를 위해 싸우는 전 생애에 그는 늘 죽음을 예감했고, 스스로를 죽음 앞에 놓는 일을 두려워하지 않았다. 우주의 울림과 경이, 그리고 생명의 이치를 체득했기에 그는 자유로웠다.

그의 죽음은 그를 불멸케 했다. 그 이념은 후세에 고스란히 전달되어 1959년 쿠바혁명을 완성시키게 된다. 쿠바 아이들은 아직도 이 사랑의 영웅의 시와 문장을 외우면서 자란다. 그가 전사한 후, 1894년 2월 24일 시작된 이 전쟁은 계속되다가, 1898년 4월 미국이 개입하면서 스페인-미국 전쟁으로 발전된다. 8월 12일 스페인이 항복하면서 12월 10일 파리조약이 체결되고, 쿠바 독립이 정식으로 승인되었다. 하지만 미 군정체제가 들어서면서 마르티가 그토록 경계하고 염려했던 신제국주의 독수리의 발톱 아래 쿠바 현실이 놓이게 된다. 1959년 피델이 쿠바혁명을 완성할 때까지 쿠바는 새로운 형태의 독립전쟁을 치러야 했던 것이다.

그가 평생 추구한 창조와 사랑은 자유와 정의라는 개념과 함께 라틴아메리카 국가들의 연대와 그 모델을 제안했다. 마르티는 이 목표에 동의하는 1892년 미국, 도미니카공화국, 자메이카, 코스타리카, 멕시코 그리고 아메리카 그 외의 나라와 유럽에 거주하는 안틸라스의 혁명적인 이민자들 사이에 아름다운 그물망을 엮었다, 10년 이상을 작업한 끝에 창설한 쿠바혁명당은 바로 이러한 가치를 세워내기에 이르렀던 것이다. 사회적 변화와 라틴의 대륙과 민족해방을 위한 모든 행동에 확신과 지지로 된 기초윤리를 호세 마르티는 가지고 있었다.

마르티의 윤리는 증오 없이 행동할 것을 약속하고 당부한 사랑의 능력에 바탕을 두고 있었다. 마르티가 간절히 기도한 것은 쿠바와 푸에르토리코에서 독립전쟁을 소환할 것과 동시대인들에게 대륙의 중대한 상황에 전체적인 변화를 응원할 것, 그리고 스스로 방해나 장애물을 놓지 않는 가치를 실천할 것 등이었다. 스페인 민중에 대한 사랑도 그렇게 혁명가로서 독립운동가로서 기록해놓은 정책적인 문서에 분명하고 구체적으로 남겨두었다.

이처럼 마르티의 투쟁은 언제나 고상하고 절실한 기도였다. 그의 사상들은 쓰여진 광범위한 원고 속에 표현되어, 오늘날 27권의 전집에 담겨 우리에게 남아 있다. 그의 작품, 무수한 연설과 그 텍스트들은 사회적· 정치적인 그의 사상과 함께 혁명적인 용건들로 나누어질 수 없는 창조 작업이었다. 그가 풍요롭게 실현시킨 사상의 열매는 오늘날에도 매우 유용하게 우리들 앞에 놓인다. 마르티가 서른 살 무렵에 쓴 한 에세이 「헨리 워드 비처」의 서문은 이 책을 마무리하는 데 도움이 되지 않을까?

세계의 행복, 자유는 죽음을 회복시킬 수 있을 것처럼 여겨진다. 보이지 않는 것의 현존 앞에서 동요했던 그를, 이제는 고요하게 바라본다. 마치 삶을 위해 명예로 지낸 사람에게는 두려움이 없었던 무덤처럼. 기쁨은 이미 거대한 위기에서 징조가 나타난다. 각각의 새로운 열정에서 더 가장 아름다운 세계가 출현한다. 자유의 숙련은 새로운 종교로 인도한다.[1)]

그랬다. 마르티에게 자유는 끊임없는 숙련이었다. 자유는 바로 인간의 본연이었고, 자연이었고, 사랑이었고, 정의와 평등 자체였다. 마르티는 그 자유에, 그 사랑에 헌신했다. 그 훈련. 그렇게 자유는 우리에게 언제나 새로운 종교가 되는 것임이 분명하다. 때문에 그는 모든 순간을 영원처럼 살 수 있었던 것이리라. 후세들은 그를 사도로 지칭한다.

우주가 진동하는 곳에서
나는 하프이고, 나는 수금이니.
태양으로부터 왔으니, 태양을 향해 가리라.
나는 사랑이고. 나는 시이니!
-「소박한 시 XVII」에서

---

1) 「Henry Ward Beecher」, O.C. t.13, p.33. 비처는 탁월하고 호소력 있는 언변과 사회문제에 대한 여론 환기로 유명한 당대의 영향력있는 개신교 설교가. 미국 개척 사회에서 일어나는 악과 위험에 대해 생생한 권고했다.

이 책은 백년어서원 ‘스페인어 교실’에서 틈틈이 스페인어를 공부하면서 네 사람이 번역해본 내용이다. 바탕이 된 책은 쿠바의 마르티아노 연구센터에서 발간한 에르미니오 알멘드로스의 『우리들의 마르티』[2] 이다. 여러모로 부족하지만 마르티의 사상에 성실하게 접근하고자 노력했다. 그리고 그의 삶을 사랑하게 된 건 작은 행운이었다. 비록 작은 교재였지만 호세 마르티라는 선구자에 대한 공감이 충분히 전달되리라 믿는다. 이 또한 사랑과 창의적 가치를 어떻게 사유하고 실천할 것인지를 이 시대 극단적인 소비문명 앞에서 함께 고민할 수 있기를 간절히 바란다.

2020.칠월
백년어서원 창가에서
김수우 두손

---

2) 『Nuestro Martí』, Herminio Almendros, 2012, Centro de Estudios Martianos

차례

제3부

제4부

제1부

1장 · 유년기

1853년 1월부터 1865년 3월까지

마르티는 1853년 1월 28일 아바나에서 태어났다. 그의 가난한 집은 성실하게 일하는 사람들이 모여 사는 좁은 골목 안에 있었다. 이 땅의 아이들은 반드시 마르티가 태어난 집에 가보아야 할 것이다. 이 집은 과거 '파울라'[3]라고 불리었던 '레오노르 페레즈'[4] 거리에 위치해 있다. 이 집의 1층 전체는 거실이었고 2층에는 방이 몇 개 있었다. 작은 안뜰도 있었다. 방의 개수는 많지 않았고 크기도 작았다.

호세 마르티 생가.

마르티는 이 작고 허름한 집 2층에서 두 세 살 무렵

3) calle de Paula
4) calle Leonor Pérez

까지 살았다. 그곳에서 그는 걷는 것을 배웠으며 여기저기를 뛰어다니기도 했다. 이후 그의 뒤를 이어 사랑하는 두 여동생도 이 집에서 태어났다. 그는 부모의 첫 번째 자녀이자 큰 오빠였다.

마르티의 아버지 마리아노[5]는 발렌시아 출신의 스페인 사람이었고, 어머니 레오노르 페레스[6] 역시 카나리아 제도 출신의 스페인인이었다.

당시 스페인의 식민지였던 쿠바에 스페인군 하사관으로 왔던 마리아노는 아들이 태어나고 2년이 지났을 무렵 전역하였으며, 그로부터 1년 후에는 뗌플레떼 지역의 경찰 공무원으로 근무하게 되었다.

그렇게 일해서 번 빠듯한 수입으로 이 가족은 정직하게 살아갔다. 그의 아내는 야무지고 활기 찬 여성이었다. 그녀는 언제나 적극적으로 열심히 집안 일을 하고 남편과 자녀들을 돌보았다.

지치고 건강이 악화된 마르티의 아버지는 가족과 함께 스페인으로 돌아가기로 결심했다. 그래서 이 시절 모두가 뻬뻬라고 불렀던 소년 마르티는 부모님과 두 여동생과 함께 스페인 발렌시아로 돌아갔다. 당시 그의 나이는 만 4살이 갓 지났다. 그렇게 그는 2년 간 스페인에 있다가 다시 쿠바로 돌아왔다.

그 무렵부터 그는 아버지가 다시 경찰 공무원으로 일하게 된 산타 클라라 교외에 위치한 학교에 다니기 시작했지만 1년 만

---

5) Mariano
6) Leonor Perez

아버지, 마리아노.

어머니, 레오노르 페레스.

에 마리아노는 다시 직장을 잃고 실업자가 되었다. 그가 몇 달 동안이나 돈벌이를 못 찾고 지내자 그 가족은 극심한 가난에 시달려야 했고 그의 집은 웃음 소리가 끊겼다.

마리아노는 도무지 벗어날 수 없는 가난으로 인해 딱딱한 표정의 무뚝뚝하고 말없는 사람이 되어 있었다. 아내 레오노르는 최선을 다해 집안을 돌보고 남편에게 마음을 써 그를 차분하게 만들고 온 가족이 가난을 견딜 수 있도록 노력했다.

이때쯤 뻬뻬에게는 어느새 다섯 명의 여동생이 생겨 있었다.

이 시기는 마르티에게 있어 행복한 유년시절이 아니었다. 부모님의 얼굴에는 늘 걱정과 슬픔이 가득했고 가난한 집안에는 늘 우울과 괴로움의 그림자가 드리워져 있었으며 애정은 찾아보기 힘들었다. 소년은 그것을 느끼고 걱정 어린 마음으로 비통한 표정의 부모님을 바라보며 사랑하는 동생들을 돌보았다.

그래도 학교에 가면 가정에서 느끼기 힘든 마음의 위안을 느길 수 있었다. 산 아나끌레또 학교에 다녔던 그는 학교에서 배워온 것을 기회가 있을 때마다 집에서 다시 써보았으며 친구들에게서 빌린 좋은 책들도 읽었다. 이것이 그에게 조금이나마 기쁨이 되고 활기를 주었다.

이런 생활이 2년 간 지속되었고, 마침내 아버지는 마탄사스 교외의 사탕수수 농장지역인 아나바나에서 경찰관 자리를 얻었다. 그곳에서 뻬뻬는 한 계절을 보냈다. 이제 8살이 좀 넘은 그는 글을 예쁘게 잘 썼으며 아버지의 일을 돕기도 했다.

이 시기에 마르티는 거의 시골 들판에서 시간을 보내며 생의 기쁨을 느끼기 시작했으며 눈과 마음을 아름다운 빛으로 채웠다. 뿌리처럼 깊고 질긴 사랑이라는 것도 이때부터 인식하기 시작했다.

많은 것들을 보고 경험하며 이해했다. 들판의 꽃들과 새와 풀과 벌레와 나무들… 그는 이 모든 것을 만나고 발견했으며 바라보고 이름을 궁금해하고 그것들이 무엇을 하며 어떤 역할을 하고 어떻게 사는지를 물었다. 그는 그렇게 알게 된 사실들을 결코 잊지 않았다.

또한 시골사람들을 사귀면서 그들의 강직하고 성실하며 어진 마음도 알게 되었고, 이제는 화를 내지 않고 아들을 얼마나 사랑하는지를 애정이 담긴 말로 표현하는 아버지와 함께 지내는 기쁨도 맛보기 시작했다. 그는 아들의 뛰어난 글과 선한 성격도 칭찬해주었다.

소년은 이제 만족감을 느꼈다. 아나바나에서 그는 여러 소식

아홉살 유년시절을 보낸 까이미또 데 라 아나바나.

을 담은 편지를 어머니에게 보내면서 시골에서 지내는 것에 대해 다음과 같이 묘사하기도 하였다.

지금 제 관심은 온통 말을 돌보고 살찌우는 것에 쏠려 있어요. 멋있게 걷게 하는 훈련도 시키고 있어요. 매일 오후 이 말을 타고 산책을 했어요. 말은 나날이 늠름하게 자라고 있답니다. 그밖에도 요즘 함께 즐겨 시간을 보내고 있는 동물은 루까스 데 소똘롱고 박사님이 선물로 주신 수탉이에요. 이름을 "마른 수탉"이라고 지어줬는데 참 예뻐요. 아버지도 무척 신경을 많이 써주세요. 지금도 아버지는 이 수탉의 볏을 잘라줄 사람을 찾으러 나가셨어요. 올해 제게 닭싸움 준비도 시키셨어요. 아버지 말로는 이 아이의 무게가 머지않아 2온스는 넘게 될 거래요.[7]

---

7) Letter of Jose Marti to its mother, Leonor Perez, of October 23, 1862. Taken of Jose Marti: Collection of letters, Center of Studies Martianos and Publishing house of Social sciences, Havana, 1993, tomo I, p. 3 (En lo sucesivo E.)

이 편지를 썼을 때 그의 나이는 아직 만 9살이 되기 전이었다. 이곳에서 그는 만족스러운 유년기를 보냈지만 이 시골 생활의 행복에 그림자를 드리우는 요소도 있었다. 여기서 좋은 사람들도 많이 만났지만 몇몇 나쁜 사람들의 잔인한 면모도 목격했던 것이다.

사탕수수 농장에서 고된 일을 하는 사람들과 지내면서 그는 흑인 노동자들이 더러운 판잣집 안에서 다닥다닥 붙어 지내는 것을 보았다. 마치 슬픈 눈빛과 울부짖음 같은 그들의 노래는 뻬뻬의 마음을 아프게 했고, 악랄한 감독들이 소위 '보카바호'(bocabajo, 엎드려 눕혀 놓고 노예들에게 했던 매질)라는 야만적인 방식으로 흑인 노예들에게 채찍질하며 벌주는 것을 보며 두려움을 느꼈다.

이 불행한 이들을 변호할 수 없었던 소년의 마음에 분노가 일었고, 이 때 훗날 '나의 흑인들'라고 부르게 되는 사람들에 대한 동정심이 생겨났다. 그리고 그는 이 일을 결코 잊지 않았다. 그는 이때의 일을 기억하며 다음과 같이 썼다. "흑인을 매질하는 것을 본 사람 중 영원한 빚을 지고 있다고 생각하지 않을 사람이 있을까? 나는 보았다. 나는 어릴 적 그것을 보았고 그때 두 뺨에 느꼈던 수치심은 여전히 불타오르고 있다. (...) 나는 그때부터 그들의 변호인이 되기로 맹세했다."[8)]

8) José Martí: complete works, Social Sciences Publishing House, Havana, 1975, t. 22, P. 189. Hereinafter OC. (N. de la E.)

유년시절의 찻 초상.

빼빼는 아바나로 돌아왔다. 아버지와 시골에서 보낸 몇 달은 쏜살같이 지나갔다. 아바나로 돌아온 그는 산 아나 클레또 학교로 돌아갔다. 그곳에서 그는 공부 잘하고 똑똑한 최고의 학생이었다. 그는 책을 많이 읽었다. 항상 책들 속에 파묻혀 살았다. 그는 부끄러움이 많고 내성적이었다. 그리고 늘 조심성이 많았다. 그리 쾌활한 아이는 아니었던 것이다. 게다가 아버지가 다시 실직하고 아나바나에서 돌아왔다. 집안에 또 다시 슬픔의 기운이 드리워 졌다.

그러나 소년의 불안한 마음을 위로해주는 것이 있었는데, 그건 바로 당시 만난 부유한 집안 출신인 페르민 발데스 도밍게스라는 친구였다. 그는 의리있고 좋은 친구였으며, 이 때 싹튼 두 사람 간의 우정은 평생 동안 내내 지속되었다. 그들은 서로를 형제처럼 사랑했으며, 비슷한 관심과 고귀한 이상을 갖고 있었다. 페르민은 부모의 자애로움에 힘입어 자신의 책을 친구에게 빌려주고 그를 집으로 초대하기도 했다. 마르티는 거기서 힘을 얻고 위로를 받았다. 그는 그때부터 이 우정을 소중한 보물로 여겼다.

마르티의 아버지는 이제는 아들이 어디선가 일하기에 충분한 것을 배웠고, 더 이상의 독서나 몽상은 필요 없다고 생각했다. 그래서 아들의 학업을 중단시키고 어떤 가게에 취직시켰다. 삐삐는 항의하지 않았다. 그렇게 일 함으로써 조금이나마 집안 형편에 도움이 될 수 있을 거라고 생각했기 때문이었다. 그러나 일하는 동안 많은 고통을 겪어야 했다. 주인의 학대와 일부 손님들의 무례를 참기 힘들었던 것이다. 그는 페르민과의 우정을 통해 힘을 얻었으며, 책에서 위로를 찾고 기운을 얻었다. 그는 지치지 않고 밤마다 책을 읽었다. 그렇지만 더 이상의 스트레스를 견디지 못하고 그곳을 뛰쳐 나오고 말았다.

이제 12살이 좀 넘은 그는 결국 좋은 중학교를 알아본 후, 학교에서 필요한 일이면 무엇이든 도와 일한다는 조건으로 그곳에 공부하러 떠났다.

2장 · 저항의 서막

1865년 3월부터 1869년 5월까지

삐삐 마르티가 입학한 산 빠블로 중학교는 식민지풍 건물이었다. 이 학교에는 넓은 응접실과 복도, 커다란 나무 그늘 아래에 조금한 안뜰이 있었다. 삐삐는 물건들을 정리하고 교실에 필요한 것들을 준비하는 일로 바빴다. 이 무렵부터 그는 이 학교에 살면서 풍부한 학식과 훌륭한 성품을 가진 한 사람을 만나게 되었다. 마르티의 재능에 놀라고, 관심을 보였다.

라파엘 마리아 데 멘디베라는 이 중학교 교장이 바로 그였다. 마르티는 그를 존경하고 훌륭한 사람으로 기억했다. 그는 박식하고 정이 많고 언변도 뛰어났다. 그는 세상에서 일어나는 일들과 세계의 역사를 들려주셨다. 삐삐는 폭군들에 대한 증오, 인간의 존엄성과 자유를 노래하는 그의 시에 감명받았다.

삐삐는 이 선생님을 존경했고, 멘디베 선생님도 그의 특출한 이해력과 관대하고 강직한 성격에 감탄했다. 삐삐는 학교에서 살면서 가족으로 살았다. 멘디베 가족은 그를 아들처럼 생각했

스승 라파엘 멘디베.

고, 그에게도 걱정거리가 없었다.

그는 그곳에서 편안하게 생활했다. 교양 있고 친절한 교장 선생님의 지도하에서 언어와 윤리를 배웠다. 교장 선생님은 아버지처럼 자애로우셨고, 빼빼는 그 곳이 학교이며 가정이었다. 이 곳에서 공부하고 많은 책을 읽었다. 멘디베 선생님이 읽어 주시는 희곡과 소설의 내용을 세심하게 정독하였다. 멘디베 교장 선생님의 자작시와 다른 위대한 시인들의 작품을 번역한 것도 있었다. 빼빼는 선생님을 도와서 자료를 복사하고 책도 읽고 글을 썼다. 가끔은 영작시를 번역해 보기도 했다.

빼빼가 자기 집에서 인정받지 못했던 학습욕구를 이곳에서 보상받았다. 학교에서는 학습하기에 좋은 문화적 환경이었다. 여기서 그의 삶은 만족스러웠다.

이 어린 학생은 모든 이의 애정과 신뢰를 한 몸에 받았다. 멘디베 교장 선생님의 모임은 넓은 거실이나 뒤뜰의 나무 아래에서 열렸고, 그는 몇 명의 친구들과 참석했다. 빼빼는 여기서 분노에 찬 항의의 소리를 들었다. 몰락하고 있는 이기적인 스페인과 쿠바의 식민지 상황을 듣고, 정의와 조국의 독립에 대한 강렬한 열정으로 이 소년의 마음을 채워갔다. 마르티는 어른들의 갈망과 이상에 몰두하면서, 억압에 대한 증오와 독립에 대한 희망을 키워갔다. 교장과 그 추종자들을 이해하고 애정도 한층 깊어갔다.

그러나 조국 해방에 대한 희망이 커질수록 부모와의 생각은 멀어졌다. 그의 부모는 정직하고 착한 사람이었으나 스페인 제국의 위대함을 믿고 자랐다. 마르티의 아버지 마리아노는 경찰 공무원으로서 쿠바인들의 저항과 혁명의식을 스페인에 대한 반항으로 인식했다. 마르티의 부모는 스페인 사람들이었고, 이는 당시의 스페인 통치에 대한 잘못된 이해의 결과였다.

마리아노는 아들을 학교에서 집으로 데려가려고 했다. 그는 아들에게 공부에 대한 환상을 버리고, 일을 해서 가족에게 필요한 돈을 벌라고 말했다. 이로 인해 아버지와 아들, 아버지와 멘디베 교장 사이에 갈등이 생겼다. 마르티는 지속적으로 아버지에게 반항하면서 대립했다. 결국 멘디베 교장선생님의 중재로 졸업까지 뻬뻬의 공부를 위한 비용을 교장 선생님이 제공하고 이 어린 소년의 인생에 겨우 평온한 시기를 맞이한다.

뻬뻬가 13살 때 중학교에 입학하고, 그의 부모는 똑똑한 아들을 자랑스럽게 여겼다. 하지만 만족스러운 시절은 오래 가지 못했다. 당시 쿠바는 심각한 경제위기에 있었다. 호황이던 설탕과 커피 산업이 손실을 보기 시작했으며, 스페인 본토에서 식민지에 부과하는 세금이나 제약을 추가하여 상황이 악화되었다…. 상업층이 그 손해를 입히고 민중은 무자비한 수탈에 시달렸다.

노예들은 노예제로 인해 고통을 받았고, 노동자들은 노동량의 증가로 한층 힘들어졌다.

쿠바에 살던 스페인 지배자들은 쿠바인의 자유를 제한하고 학대와 잔학 행위로 사람들을 괴롭혔다. 그들은 시위를 처벌할 수 있는 권력을 쥐고 있었다.

해가 바뀌어 1868년 10월 10일, 쿠바의 동쪽 지역에서 까를로스 마누엘 데 세스페데스가 용감한 동지들과 함께 "쿠바를 철권통치로 지배"하는 스페인에 대항하는 전쟁을 벌였다

이들은 "야라의 외침(Grito de Yara)"이라는 독립선언문을 발표했다. 연이어 시골에서 일어난 봉기는 도시인들에게 깊은 인상을 주었다. 산 빠블로 중학교 선생과 학생들에게도 그 열기가 빠르게 전달되었다. 멘디베 교장은 애국심을 고취시키는 활동으로 자신들의 비판시와 혁명시를 읽고 암송했다. 가끔씩 마르티와 멘디베 선생님은 단둘이 밤 늦은 시간에 -세스페데스의 봉기- 행진을 따라 해보기도 했다. 그러는 동안 뻬뻬는 자유를 갈망하는 열정적인 마음을 키우고 확실히 표현할 수 있게 되었다.

1869년 봄의 마르티.

이 시기에 벌써 어린 마르티의 마음 속에서 그의 인생을 이끌어 갈 이상적인 동기가

굳게 자리 잡았다. 그것은 곧 조국의 자유라는 위대한 혁명적 숙원을 위해 언제까지나 헌신적으로 사는 것이었다.

조국에 대한 사랑을 시위로 행동하는 선생이나 다른 어른들을 존경하는 것만으로는 이 어린 학생의 마음에는 흡족하지 않았다. 16살이 되었을 때 그는 직접 행동하기 시작했다. 친구 발데스 도밍게스와 함께 <절름발이 악마>라는 제목의 인쇄물을 준비해 지배층과 경찰을 놀리고 비난하는 글을 발표하기도 했고, 멘디베 교장을 비롯한 어른들과 함께 준비하였다. 그러나 <자유로운 조국>라는 간행물은 딱 한 번 출간되었으며 극시인 "압달라"를 발표하기도 했다. 이 극시는 억압받는 쿠바의 현실을 반영한 것으로, 조국의 자유와 스페인 제국의 몰락을 위해 싸우는 한 영웅이 등장하고 있다. 젊은 전사 압달라는 전장을 떠나며 다음과 같이 외친다.

어머니, 조국을 사랑한다는 것은
대지를 향한 어리석은 사랑이 아닙니다.
우리 발자국이 밟고 있는 풀을 향한 것도 아닙니다.
그것은 그 땅을 억압하는 사람들을 향한 어쩔 수 없는 증오이며,
그 땅을 공격하는 사람들을 향한 영원한 분노입니다.

---

9) El Diablo Conjuelo
10) La Patra Libre
11) Abdala

당시는 매우 위험한 상황이었다. 압제의 강도가 거세지고 원성 역시 커져갔다. 스페인 제국의 편에 선 오만한 사람들이 조직한 스페인 지원병은 수상한 집과 모임 장소에 갑자기 들이닥쳤다. 그러던 어느 날 밤 비극적인 일이 벌어졌다. 조국 해방에 뜻을 함께한 사람들이 한 극장에 모여 행사를 치르고 있을 때 총을 들고 잔인하게 공격해 온 것이다. 모인 사람들 중에는 푸르고 흰 드레스를 입고 머리에 별 장식을 단 여자들도 있었다. 그날 밤 그들 중 몇몇은 죽거나 상처를 입었으며 체포된 사람들은 강제 추방되기도 했다.

마르티의 부모는 아들의 운명을 걱정하며 두려움에 사로잡혔다. 아버지는 아들을 찾아와 스페인에 대항해 반란과 전투,그리고 이와 관련한 즉흥시를 발표하는 것에 아들이 고초를 겪을까 걱정했다.

이 불행한 사건은 소년의 사기를 떨어뜨렸다. 이 비극적인 사건 후 멘디베 선생님은 투옥되었고 학교는 문을 닫았다. 마르티는 무력감을 느꼈다. 집에서는 공포와 분노의 분위기가 감돌았다. 아들의 안위를 걱정한 아버지는 곧바로 아들을 다시 돈을 벌 수 있는 곳으로 보냈다. 아들은 아버지의 명령을 어기지는 않았지만 하루도 빠짐없이 감옥에 있는 선생님을 찾아가서 위로했다.

몇 달 후에 멘디베 선생님은 스페인으로 추방당했다. 스승의 도덕적 지지를 상실한 마르티의 부모님은 착한 분들이지만 큰 슬픔을 느꼈다. 마르티의 유일한 위안은 진정한 친구 페르민을 만나는 것이었다. 이 친구의 가족은 언제나 그를 환대해 주었으며 지속적인 관심을 가지고 정치적인 상황과 반란과 박해, 판결의 상황을 지켜보고 있었다.

3장 · 증오와 불법, 그리고 위엄

1869년 10월부터 1870년 4월까지

멘디베 교장이 국외로 추방당한 지 몇 달이 지났다. 쿠바의 독립을 꿈꾸는 사람이나 본국인 스페인에 경의를 표하지 않는 사람들에 대한 가혹한 형벌과 박해는 계속되었다.

부유하고 힘있는 지배계층들은 스페인의 식민 체제를 유지하고 싶어했다. 이 권력층과 지배층은 사회적 권위을 지키기 위해 스페인 군대뿐 아니라 사병들의 엄호를 받았는데, 이 사병들은 권력층에 속한 사람들의 명령에 따라 불평분자나 사회혼란을 일으키는 자들에 맞서 그 특권을 지키는 역할을 했다. 스페인이 쿠바를 지배하는 것이 그들에게 유리했다. 그래서 스페인으로부터 쿠바를 독립시켜려고 저항하는 사람들을 괴롭히는 것을 오히려 신성한 의무라고 여겼다.

사병들은 거만하고 무례했으며 제멋대로고 야만적이어서 스페인에 저항하거나 자기들의 심기를 건드린다 싶은 이들은 가차 없이 처벌했다. 이와 관련된 모든 일에서 그들은 권위적이고 잔인했다.

하루는 사병들이 군인처럼 옷을 입고 아바나 시내를 거만하게 행군하다가 페르민의 집이 있는 거리를 지나게 되었다. 그 때 페르민의 집 안 큰 창가에는 여러 젊은이들이 모여 있었다. 젊은이들이 격렬한 몸짓을 하며 말하는 것을 보고 지원병들은 무례하고 불경하다고 의심했다.

행군을 마친 이 무리들은 가택 수색 명분으로 그 집에 들어가 폭력을 행사했다. 그들은 선반이며 작업대, 서랍 같은 모든 기물을 뒤집어 엎었다. 그리고 서류뭉치 사이에서 마르티와 페르민이 스페인군에 장교로 등록한 학교 동기에게 쓴 편지 한 통을 발견했다.

그것으로 충분했다. 바로 다음날 이 청년들은 기소되어 수감되었다. 며칠 후 마르티도 체포되어 수감되었다.

마르티와 친구들은 같은 감옥에 들어가 있었다. 죄목과 재판일을 알지 못한 채 마르티와 친구들은 몇 날 몇 주를 감옥에 갇혀있었다. 마르티는 화가 났다. 겉으로는 침착해 보였으나 감옥에서 그렇게 오랜 시간을 견디기란 쉬운 일이 아니었다. 아버지가 감옥으로 그를 보러 와 수감생활에 도움이 되는 몇 가지 물품들을 주고 갔다. 이때 아들은 늙어버린 아버지의 얼굴에서 비통함을 보았다.

마르티는 어머니에게 편지를 써서 책을 보내달라고 청하는 한편, 어머니를 안심시키려 노력했다. 그는 자신이 잘못한 것이 없으니 두려워할 것도 없다고 거듭 말했다. 다만 곧 열릴 재판에서 재판관들이 피고들의 죄를 추궁할 것을 생각하니 견디기가 힘들었다. 그는 어머니가 침착하고 평온하기를 바랐지만 더 이상 자신을 속이지 않았다. 그는 깊이 생각한 끝에 재판관을 화나게 만들어야겠다고 결심했다. 그리고 재판정에 서는 날을 대비해 마음의 준비를 했다.

여섯 달이 지났다. 감옥에서의 이 여섯 달은 매 시간이 불확실함과 기다림의 연속이었다. 마르티와 그의 친구 페르민은 드디어 군법회의 재판정에 섰다. 두 젊은이는 두려움 없이 발언하며 자신들을 재판 없이 오랫동안 감옥에 가둬둔 불법적인 행태에 대해 재판관들 앞에서 항의했다. 재판을 맡은 군 판사들은 이들의 강직한 태도에 놀랐다. 그때 갑자기 한 재판관이 페르민의 집에서 발견된 편지를 중요한 증거로 들이밀며 이렇게 말했다. "스페인에 충성하는 사람을 반역자로 묘사한 이 편지는 누가 쓴 거지?"

두 젊은이는 동시에 일어났다. 그 편지에는 두 사람의 서명이 모두 들어 있었다. 페르민은 자기가 그 편지를 썼다고 했고, 마르티 역시 자기가 혼자 그 편지를 썼다고 주장했다. 두 사람의 글씨는 너무 비슷해서 글씨체를 증거로 삼을 수는 없었다. 마르티에게 발언 기회가 왔다. 그의 목소리는 매우 결연하고 단호했다. 그는 먼저 따뜻한 목소리로 친구 페르민의 주장이 틀린 이유를 설명하며 그에게는 사소한 잘못조차 없다고 잘라 말했다. 그러고는 힘 있는 목소리로 자기 혼자 그 편지를 썼다고 주장했다. 자신에게 모든 책임이 있다고 말하는 동시에, 나아가 쿠바의 독립을 주장하는 감동적인 연설까지 했다.

소년들의 이처럼 숭고하고 용감한 모습은 군법 재판관들의 입장에서 볼 때 처벌의 대상이 되는 거만한 태도로 비쳤다. 재판장이 선고를 내리기 전 법정에는 사형을 언도할 것 같은 분위기가 감돌았다. 하지만 결국 피의자의 나이를 고려한 듯 페르민에게는 6개월 형을, 기소된 다른 친구들에게는 추방 명령을, 마르티에게는 아바나의 끔찍한 감옥에서 6년을 살 것을 선고했다.

스페인의 충성스런 추종자이자 성실한 사람이었던 마르티의 아버지는 재판 결과를 듣고 그 가혹한 판결에 고통을 느꼈지만, 한편으로는 분명 아들의 고결함과 그 가치에 감탄하고 긍지를 느꼈다.

4장 • 감옥

1870년 4월부터 1871년 1월까지

1870년 4월 4일 마르티는 아바나 감옥으로 이송되었다. 그의 나이 만 17세가 되기 전의 일이었다. 수감자들은 허름한 죄수복을 입고 짧은 머리를 하고 있었다. 허리에는 쇠사슬이 감겨져 있고 오른쪽 발목에는 족쇄가 단단히 채워져 있었다. 마지막으로 머리 위에는 이상한 모양의 검은색 모자를 쓰고 있었는데, 어떤 사람들은 그것을 "죽음의 모형"이라고 불렀다. 마르티의 수인번호는 백인죄수 1조 113번이었다.

처음의 시간들은 길고 생생한 고통이었으며 마르티는 창살 사이로 간신히 신음 소리 같은 말로만 주고받을 수 있는 그의 아버지를 만나기를 기다렸다. 수감자들은 동트기 전, 아직 하늘에 별이 빛나고 있을 무렵 채석장으로 나가 매일매일 험한 일을 해야 했다. 한 번 나가면 해가 질 때까지 돌아오지 못했다. 아, 이제 그들이 도착하고 있다. 그림자처럼 검고 긴 행렬이 시끄러운 쇠사슬 소리를 내며 가까이 다가오고 있다. 누더기를 걸치고 여위고 땀에 젖은 이들이, 눈이 일그러진 이들이 들어오고 있었다. 그들은 담벼락에 기대다시피 걸어와 자기 자리에 도착한 다음 죽은 사람처럼 쓰러졌다.

그 중 다른 사람들보다 더 지친 한 사람이 있었다. 백발을 한 이 사람은 시체처럼 창백했으며 가슴은 움푹 패여 있고, 두 발은 석회가 말라붙어 생긴 딱지로 뒤덮여 있었다. 피로 범벅된 옷을 입은 그 사람은 10년 노역형을 받고 있던 76세 노인으로, 이름은 니꼴라스 델 카스티요였다. 지원병들이 그에게 붙인 죄목은 반란군 사령관이었다.

새 죄수복을 입은 젊은 신참 죄수 마르티를 본 그는 손을 내밀고는 다정한 눈으로 쳐다보며 신음하듯 말했다. "불쌍해! 불쌍한 젊은이야!"[12] 그러고는 당황한 표정을 짓고 있는 이 젊은이 앞에서 자기 작업복을 벗어보였다.

-보게나, 이 늙은이의 등을 덮고 있는 상처들을 말이야. 한쪽 옆구리에서는 피가 떨어지고, 다른 쪽 옆구리에서는 고름이 흘러나오고 있지.

-이 곳에서 그렇게 된 건가요? 왜 저들이 할아버지한테 그렇게 한 거죠?

-넌 아마 말해 줘도 못 믿을 거야. 다른 사람을 만나면 물어보렴. 그러면 그 사람이 알려줄 거야.[13]

정말이었다. 니꼴라스는 감옥에 온 후 매일같이 약 6킬로미터

12) "Castillo", en OCEC, t 1, p. 51

13) "Castillo", en OCEC, t 1, p. 51

에 달하는 길을 이동해 밤까지 채석장에서 12시간 동안 고통을 겪은 다음에야 감옥으로 돌아왔다고 했다. 매일같이 상처 난 맨발로 걸어가는 것도 힘에 부쳤으나 그는 커다란 돌덩이까지 들어내려야 했다. 한숨을 쉬거나 넘어지면 그때마다 간수가 매를 때리거나 발로 걷어찼다. 이런 고통은 그 불운한 죄수가 땅바닥에 쓰러져 반죽음이 될 때까지 계속됐다. 하루 동안 그렇게 넘어지면서 짐마차에 짐을 실은 다음에는 채석장의 비탈길을 비틀거리면서 내려오다 쿵 하는 소리와 함께 다시 돌판 위로 떨어지곤 했다. 그러면 결국 산더미 같이 쌓인 돌이 몸을 뒤엎었다. 맑은 날이면 태양이 하루 종일 돌들을 뜨겁게 달구어놓았고, 비 오는 날에는 석회가루 섞인 진흙투성이였다. 해질 무렵이 되면 다른 한 무리의 수감자들이 햇볕에 타거나 비에 젖은 시체를 찾으러 왔다.

마르티는 이보다 심한 것들도 보았다. 치매에 걸린 노인이나 스페인어를 모르는 흑인 남성도 보았다. 또한 14살 아이들도 보았으며 12살 고아 리노 피게레도도 채석장에서 만났다. 이 아이들은 정치범에 해당하는 선고를 받고 구속되어 괴로워하고 슬퍼하는 전리품들이었다. 발은 족쇄로 묶여 있었고 채석장의 날카로운 석회로 인한 상처를 온몸에 지니고 있었다.

그곳에 마르티가 있었다. 그 끔찍한 감옥 안에서 다른 수감자들이 받는 고문을 보며 몸을 덜덜 떨면서 말이다. 마르티 자신도 고통을 겪었으나 그보다는 다른 모든 이가 느끼는 고통을 더 크게 느꼈다. 몸은 갈수록 쇠약해졌지만 그의 정신은 불법과 잔인함 앞에서 한층 더 강해져 갔다. 이 자존심 강한 소년은 쇠사슬을 부끄러워하기는커녕 오히려 그것을 조국의 고통과 아픔의 상징으로 받아들였다.

마르티는 인간이 만든 이 지옥에서 살며 고통을 느꼈다. 그는 추후 쓴 감동적인 소책자에서 이 때 느낀 공포를 직접 이야기했다. 18세 소년의 비통함이 담긴 이 책 <쿠바의 정치감옥>[14)]은 그 모든 잔인한 면모를 이글거리듯 살아있고 아름다운 말로 묘사하여 그 책임자인 스페인 통치자들 앞에 들이밀었다.

그는 분노와 부드러운 연민이 섞인 말로 산 라자로 채석장의 동굴에서 억압받은 50명이 경험한 고통부터 100명의 간수들까지를 모두 묘사했다. 수감자들은 상처로 다 터진 발로 화덕에서 태운 석회 더미 사이를 걸어가며 석회들을 실어냈다. 그때 누군가는 실신해 쓰러졌으며 누군가는 발길질에 굴러 떨어지고 심한 매질로 인해 땅바닥에 쓰러지는 이도 있었다.

그 하얀 돌더미 사이에 있으면 피부는 물론 내장까지 다 타들어가는 듯했다. 50명의 수감자들은 여위고 창백해졌으며 돌판의 무게에 짓눌려 몸이 구부정해졌다. 또한 그들은 간수들의 매질에 시달렸으며 소음에 정신을 잃기도 했는데, 그것은 다름 아닌 50개의 쇠사슬에서 나는 소리였다. "우리의 맨살을 때리는 매질의 울리는 소리와 때리는 자들의 폭언 속에서 맞는 자

14) El presidio politico en Cuba

들의 지독한 침묵도 계속되었다. 이 모든 것은 매일 하루 12시간씩 끈질기게 반복되었다."[15] 마르티는 그로부터도 반 년 이상을 감옥에서 고통을 더 견뎌야 했다. 그곳에서 그의 몸은 찌는 듯한 태양과 석회에 타들어갔으며 매질에 떨려왔고 발목은 철 족쇄로 인한 상처로 가득했다. 부모님께 이런 상황을 숨기는 것은 불가능했다. 마리아노는 가끔씩 그를 보러 왔고, 마르티는 자신 나름대로 불쌍한 아버지를 보며 깊은 슬픔을 느꼈다.

감옥에서의 마르티.

아버지가 나를 보러 오는 비통한 날이 되면 나는 몸에 생긴 상처들을 감추려고 노력했다. 아버지는 쇠사슬이 몸에 바로 닿지 말라고 어머니가 만들어주신 작은 방석들을 가져다주셨다. 그러나 결국 감옥 특별실에서 내가 느리게 걷는 것을 지켜본 그 날 아버지는 나의 곪은 상처와 짓눌려 구겨진 듯한 팔다리, 그리고 피와 먼지, 고름과 진흙으로 범벅된 모습을, 그리고 그런 몸을 한 채로 뛰고 또 뛰는 것을 보시고 말았다! 그처럼 슬픈 날이 또 있을까?! [16]

15) "El presidio politico en Cuba", en OCEC, t.1, p.78
16) "El presidio politico en Cuba", en OCEC, t.1, p.77

마르티는 그 끔찍한 감옥에서 반년을 더 지내다가 아버지 마리아노의 친구이자 스페인 까딸루냐 지방 출신의 부유한 유력 인사인 호세 마리아 사르다의 도움으로 마침내 사면을 받고 삐노스 섬으로 추방당해 그곳에 있는 그의 집에서 그의 보호 아래 지내게 되었다.

쇠약해지고 심하게 여윈 마르티의 눈은 석회로 인해 염증이 생겨 있었고, 몸은 쇠사슬과 족쇄에 맞닿아 생긴 상처로 가득했다. 그런 상태로 마르티는 10월에 삐노스 섬의 누에바헤로나에 도착했다. 사르다는 엘 아브라 농장에 있는 집에서 그를 맞이했다. 마르티는 그곳에서 스스럼없는 애정이 담긴 환대를 받으며 생활했다. 들판을 산책하며 명상을 하기도 했는데, 이것은 감옥의 이미지를 떨쳐버리는 데 도움이 되었다. 아, 그러나 그는 그 일을 마무리 짓기 위해 태어난 사람이었다. 그는 다시 방으로 되돌아가 책을 읽고 글을 썼다. 그는 애정 어린 관심과 실질적인 도움을 주며 그 착한 가족들에게 감사를 표했고 그들은 정말 꾸밈없고 선량한 사람들이었다. 그는 그 집 아이들과 산책을 하며 자연 속의 것들을 보는 법을 비롯한 많은 것을 가르쳤다. 아이들은 선생으로서 그가 가진 매력과 재능에 푹 빠졌다. 하지만 이렇게 조용하고 평화로운 시절은 오래 가지 못하고, 두 달 후 그는 아바나로 옮겨 가야했다. 유형수가 되어 스페인으로 떠나야 한다는 명령이 떨어졌기 때문이었다.

그리하여 1871년 1월, 만 18세 생일을 며칠 앞두고 그는 스페인 카디스로 가는 배에 올랐다. 고향 도시만을 줄곧 보고 있던 그의 두 눈으로부터 쿠바는 조금씩 멀어져가다 마침내 시야에서 사라졌다. 원해로 들어가 수평선 위로 쿠바섬의 그림자만을 보게 되었을 때 이 젊은 유형수는 마음이 찢어지는 듯했을 것이다.

5장 · 스페인 유형생활

1871년 1월~1874년 말까지

항해는 무척이나 길었다. 갑판 위 좁은 간이침대에 올라 바다와 하늘을 바라보는 동안 밤낮이 수없이 바뀌었다. 마르티의 몸 상태는 계속 나빴다. 게다가 수감 시절 차고 있던 쇠사슬이 몸에 부딪쳐 생긴 부스럼 때문에 한층 고통스러웠다. 다만 어디서든 부모와 형제자매들과 스페인을 떠나 뉴욕으로 간 스승, 열악한 교도소에 갇힌 불운한 동포들, 억압받는 조국의 고통을 기억하고 그것에서 기운을 얻었다. 자유로운 수평선과 무한한 하늘을 마주보면서 고요한 고독 속에 잠겨 있자면 슬픔에 가슴이 한층 더 아려왔으나, 그의 의지는 견고한 희망처럼 불끈 솟아올랐다.

2월 1일, 카디스에 도착해서 거기서 며칠 머무르다 마드리드에 도착했다. 2월 16일 마드리드의 주정부 관할본부에 출두해서, 이른바 안전증명서 서류 발급을 신청하는 것으로 그의 유배 생활은 시작되었다. 마드리드에 도착했을 때부터 마르티는 이주해온 쿠바인들과 서로 결부되었다. 그와 마찬가지로 추방되어 온 다른 쿠바인들과 연계되었고, 그 중 누군가가 일거리를 주었고 덕분에 마르티는 먹을 것을 사고 생활비를 벌어 허름한 방도 구할 수 있었다. 마르티는 두 선량한 쿠바 출신 가정의 자녀들을 가르쳤고 누군가가 맡긴 영어번역 일도 했다. 짧은 시간 안에 그를 존중하며 환영해주는 스페인의 많은 진보주의자들을 알게 되었다. 그들 사이에서 자신들의 언론으로 아바나에서 시작된 독립을 지지하는 <엘 후라도 페데랄>[17] 편집장을 만나게 되었다. 같은 방식으로 그의 기고들은 일간지에 잘 받아들여졌다. 혁명과 노예제도 폐지를 지원하는 멤버들이 있는 도시들인 카디스에서 나오는 <라 소베라니아 나시오날>[18], 세비야에서 나오는 <라 꾸에스띠온 쿠바나>[19] 등이 있었다.

3월24일, 카디스에서 나오는 일간지 <라 소베라니아 나시오날>에 그의 논설 "까스띠요"[20]를 발표했다. 나중에 이 원고는 세비야의 신문 <라 꾸에스띠온 쿠바나>에 다시 실리고, 또한 "까스띠요"가 뉴욕에서 발행하는 독립주의자 신문 <La Republica>에 J. M 이라는 이니셜로 서명되어 다시 읽히게 되었다.

5월 31일, 마드리드 중앙 대학의 법학부에 대안 교육 학생으로 등록을 신청했다. 역시 아테네오(Ateneo)에도 가입했다. 아

---

17) El Jurado Federal
18) La Soberania Nacional
19) La Cuestion Cubana
20) Castillo
21) El presidio politico en Cuba

테네오는 교육을 위한 아카데미였다.

이곳에서 마르티는 매우 가난했으나 생필품 정도는 갖출 수 있었다. 다른 평범한 학생들처럼 마드리드의 중앙대학에 몇 개의 수강신청도 했다. 가난했지만 걱정은 없었다. 그는 번민을 학구열로 바꾸어 박물관을 방문하거나 도서관에 가서 공부했으며 위대한 예술작품들로 두 눈을 채웠다. 스페인의 천재들이 쓴 가장 아름다운 책들도 읽었는데, 그는 주로 아테네오 도서관에 가서 몇 시간이고 지치지 않고 문학작품을 읽었다. 그를 사로잡은 스페인 작가들은 세르반테스, 케베도, 그라시안, 아빌라의 테레사, 공고라, 칼데론 등이었다. 스페인에서 쿠바 이민자들의 가정교사로 학비와 생활비를 충당하면서 마드리드와 사라고사에서 법학과 문학, 철학 학위를 취득하는 등 공부와 문학 수업을 계속했다. 호세 마르티는 대학에서 19세기 당시 스페인 사회에 크게 영향을 미쳤던 크라우제의 기독교적 사회 윤리사상과 스페인의 전통적인 무정부주의 사상을 접했는데, 이는 그의 정치, 경제, 사회사상의 형성에 큰 영향을 끼쳤다.

하지만 그는 결코 잊지 않았다. 그는 여전히 감옥에 갇힌 이들이 받는 고문과 억압받는 조국의 극심한 어려움을 생각하고 마음 아파했다. 그리고 마드리드에 도착한 지 5개월이 조금 지났을 때 마르티는 「쿠바에 있는 정치 감옥」[21]이라는 글을 발표했다. 비인간적인 정치범 감옥에 대한 고발은 그 스페인 대도시에 위치한 정부에 인간성과 정의를 요구했다. 스페인이 식민지에서 행하고 있는 비인간적인 처사를 생생하고도 끈질기게 고발하는 내용의 글이었다.

18살의 젊은 쿠바인이 쓴 이 뛰어나고 감동적인 글은 양심과 재능을 갖춘 이들의 관심과 칭송을 받았다. '어떤 사람이 이런 인간성과 기품이 담긴 글을 썼지?' 많은 사람들이 그와 친구가 되고 싶어 했고 그가 행하는 우정과 사랑의 운동에 찬사를 보냈지만, 스페인 지도자들 중에는 양심과 명예를 가진 이가 거의 없었다. 그럼에도 불구하고 그는 계속해서 글을 썼다. 신문에 쿠바의 독립을 옹호하는 글을 써서 격렬한 논쟁을 이끌었고 스페인에서도 쿠바에 있을 때처럼 늠름하게 조국의 자유를 바라는 목소리를 끊임없이 냈다. 마르티는 쿠바의 목소리였다.

9월에는 <엘 후라도 페데랄> 신문에서 카를로스 사우바예(아바나에서 알려진 사람으로 추방됨)와 함께, 보수 일간지인 <라 쁘렌사>[22]와 논쟁을 시작했다.

11월27일, 아바나에서 아무 죄 없는 아바나대학 의대생 8명이, 불경과 불성실하다는 명목으로 검증과정도 없이 총살당하는 사건이 발생한다. 분노와 고통으로 인한 강한 충격이 그의 마음을 흔들어댔다. 지원병들은 비열한 증오의 감정을 내뿜으며 그가 사랑하는 고국에 희생자들을 만들어내고 있었다. 그들은 거짓명분을 만들어 아바나의 의대생 여덟 명을 총살하도록 선동했다. 1871년 11월 27일에 일어난 이 일로 다른 여러 학생

22) La Prensa

들까지 수감되었다. 가장 가까운 친구 페르민 발데스도 그 안에 포함되어 있었다.

마르티의 마음속에서 이 일은 영원히 강렬한 기억으로 남았다. 살해된 순국자들과 사랑하는 페르민이 당한 위험, 그리고 희망 없이 막연한 생활에 대한 고민으로 이 가난한 학생은 한층 더 괴로워지며 건강이 악화되었다. 어린 나이에 채석장에서 얻은 질병은 평생 그를 고통스럽게 따라다녔으며 진료와 외과수술을 받았으나 채석장에서 얻은 그의 고통은 완전히 사라지지 않았다. 그는 무기력해지고 건강도 나빠졌으며 걸을 때마다 상처 때문에 고통스러워 병상을 지켜야만 했다. 불운과 가난과 고통의 여섯 달이 지나갔다.

이듬해인 6월. 아바나 의대생 사건에 대한 저항활동으로 불공정한 재판과정에서 혹독한 투옥형을 받았다가 사면된 후에 스페인으로 추방된 페르민 도밍게스 발데스를 맞이하게 된다. 강제 추방되어 스페인에 온 친구의 도착은 마르티에게 큰 위로와 힘이 되었고 페르민은 마르티의 옆에서 그를 도우며 그들의 우정은 더욱 돈독해졌고 마르티의 몸도 회복되어 갔다.

페르민과 함께 있으면서 마르티의 생활에도 활력이 생겼고 마드리드에서 보낸 두 번째 여름에 마르티는 대학에서 다른 수업의 수강신청도 했다. 그는 공부를 하고 작가들의 모임에 참석하고, 동시에 극장을 오가며 유명한 예술인들과 친분을 쌓고 추방당한 쿠바인들을 돕는 캠페인을 하며 시간을 보냈다. 하지만 억울하게 죽은 학생들을 기념하는 야간 모임에서 감동적인 목소리를 내는 일도 잊지 않았다. 그 해 11월 27일 총살형 기념일에는 마르티가 쓴 "1871년 11월 27일"란 제목의 시가 마드리드에 유포되었다. 그것은 순국한 이들에 대한 사랑과 슬픔이 담긴 통한의 시이자 격렬한 분노와 증오가 담긴 시였다. 이 시는 다음과 같은 문장으로 끝나고 있었다. "그 날 살인에 가담한 모든 이들은 세력이 약해져 대지 위에 무릎을 꿇고 양심의 가책으로 몸을 떨며 두려움의 신음소리를 낼 것이다!"

바로 그 즈음 마르티는 고통과 영광에 관한 길고 아름다운 위령시도 한 편 썼다. 시의 제목은 "11월 27일에 죽은 내 형제들에게"였다.

언젠가 내 조국의 꿈이 될 사랑하는 그대 주검들이여!
내밷어라 내 이마에 그대들의 아픈 뼈의 먼지를!
그대들의 손으로 내 마음을 만지고 내 귀에 대고 흐느껴라!
그 한 방울 한 방울이 곧 나의 흐느낌이며
폭군들은 그보다 더 많은 눈물을 반드시 흘리게 될 것이다![23)]

마드리드 생활 2년차에 마르티에게 희망을 주는 사건이 일어났다. 1873년 2월 11일, 아마데오 데 사보야 왕이 퇴위하고 첫 스페인 공화국을 선언한 것이다.

3일 후 마르티는 자유의 약속을 선언한 새 스페인 지도자들에게 쿠바의 독립권을 광범위하게 주장하는 글을 써 전단지로 인

---

23) "11월 27일 죽은 나의 형제들에게", en OCEC t. 15 p.57

쇄해 마드리드를 비롯한 여러 지방에 배포했다. 하지만 스페인 공화국은 스페인 사람들을 위해서는 자유를 선언했지만 식민지 사람들에게는 자유를 부인했다. 마르티는 '쿠바에 있는 정치범 감옥' 발표 이후에 '쿠바 혁명 앞에 있는 스페인공화국'을 이어서 발표(1873년)하였다. 이 시대의 공화국 지지자들이 보여주고 있는 모습들과 독립을 위해 싸우고 있는 쿠바에서 일어나고 있는 것들을 스페인 독자들에게 알리는 것이 주목적이었다. 이 글은 쿠바의 권리를 변호하는 견고한 논리가 들어있는 강력한 것이었지만 스페인의 새 지도자들은 정의를 요구하는 소리에 귀를 닫아버렸다.

스페인공화국은 우리의 자유를 부인하고 권리를 침해해가며 그들의 권력을 보존하려고 함으로 우리는 단결된 의지와 보편적인 선거제도를 통해 쿠바공화국을 만들어가야 한다. 이것을 성취하기 위해 무장봉기로 우리의 뜻을 확고하게 표현해야 하며, 스페인공화국이 그들을 위해서 선언한 것과 같은 자유로울 수 있는 권리로 우리가 독립을 선언한다면 그들이 우리를 어떻게 부인할 수가 있겠으며, 명백히 우리의 의지가 들어가 있지 않는, 자유롭지 않는 삶을 강요할 수 있겠습니까?[24)]

마르티는 스페인 시민들에게 억압으로 등이 굽어진 쿠바인들의 열망의 공정성, 정복하기 위한 전쟁으로 자유를 덮쳐버린 스

24) O.C t. 1 p. 104

페인 식민정부에 의해 행해진 착취, 그 범죄들을 증명하고자 세비야에서 나오는 신문 <라 꾸에스띠온 쿠바나>에 글을 실었다. 이 신문에 그는 계속해서 "라 솔루시온"[25] "라스 레포르마스"[26] 등 그의 주장이 담긴 논설을 발표한다. 그가 지적한 이러한 무능함과 문제점들로 인해 공화국은 얼마가지 않아 망하고 만다.

마드리드에서는 희망의 공기가 맡아지지 않았다. 여러 정치세력 간의 음모와 암투만 있을 뿐이었다. 애초부터 세력이 약했던 데다 자기만족에 빠진 집권자들은 국내의 거친 저항에 잘 대처하지 못했고 공화국에 반동적인 계급들로 인해 그 힘이 더욱 약화되었다. 마르티와 그의 친구 페르민은 수도에서의 삶과 정치적 음모와 위선을 보고 절망했다. 게다가 마드리드의 고도와 대륙성 기후가 두 사람의 건강에 좋지 않았다. 그리하여 두 사람은 사라고사에 가서 살면서 학업을 마치기로 결심하고 5월17일 마드리드 중앙대학의 학장에게, 그가 머물 도시인 사라고사의 문과대학으로 이전 인가를 신청했고, 곧 그의 신청이 수락되었다.

5월에 페르민 발데스 도밍게스와 함께 사라고사로 향했다. 사라고사는 좋은 도시였다. 아라곤 지방 사람들은 정직하고 소박하며 기품 있는 성격을 갖고 있었다. 그들은 자유를 지키려는 확고한 의지를 가지고 있었으며, 그것을 위해 싸웠다.

---

25) La Solucion
26) Las Reformas

두 젊은이는 자신들을 가족처럼 대해주는 소박한 사람들의 집에 머물렀다. 그들은 곧바로 그곳 사람들의 환심을 얻었다. 사람들은 이 착하고 똑똑한 라틴 청년들을 친절히 대해주었다. 페르민은 재치 넘치는 유쾌한 청년이었고, 마르티는 다소 조용한 성격이었으나 그에게는 사람의 마음을 사로잡는 매력이 있었다.

두 사람의 우정은 더욱 끈끈해졌고, 도시로 들어와 꾸밈없는 우정을 보이는 두 친구는 사라고사에 빠져들었다. 마르티와 페르민을 원하고 그들과 함께 하고 싶어 하는 사람들이 있었고 두 사람은 그들과 곧바로 친구가 되었다. 반역을 일으킨 두 젊은 쿠바인들은 매력적이었다. 그곳에서는 '반역'이라는 단어가 나쁜 의미가 아니었다.

그 아라곤 주도(主都)의 조용한 분위기는 공부에 관심을 돌리기에 적합했다. 마르티는 곧장 공부를 시작했다. 그의 학습량은 믿기 힘들 정도였다. 스페인에서 보낸 매일의 시간은 이제 스무살이 된 그가 우수하고 빛나는 재능을 굳건히 하는 시기였다. 그는 놀라운 표현능력을 가지고 있었다. 말을 하거나 시험에서 추론하고 답을 내는 것을 보면 그가 쉽고 정확하며 함축적인 의미의 단어를 알고 있음을 알 수 있었다. 글에서는 풍부하고 아름다운 그만의 문체가 드러났다.

사라고사에서 지낸 1년 반 동안, 그는 엄청난 양의 공부를 했다. 이 기간 동안 그는 한 번도 쉬지 않고 공부해 졸업에 필요한 과목을 모두 이수하고 변호사직을 수행할 수 있는 수업을 들었으며 이후에는 철학과 문학 수업도 들었다. 모든 과목의 성적은 우수했다.

대학은 그에게 진정한 학습의 장이 되어 주었다. 그는 도서관에서 많은 시간을 보내며 이런저런 것을 살피고 공부했으며 많은 책들을 읽었다. 그 분야는 철학과 역사, 법학, 언어, 문학 등을 아우르고 있었고 고대와 현대 철학자들의 작품과 산문과 운문 분야의 위대한 작가들이 쓴 유명한 책들이 총망라되어 있었다. 대학 안에서 그는 유명 인사이자 탄복의 대상이었다. 다른 학생들은 그의 재능과 성과를 축하했고, 선생들은 그를 기특한 젊은이로 대했다.

"도대체 잠은 언제 자니, 마르티?" 사람들이 이런 질문을 할 정도였다. 왜냐하면 그는 이렇게 학교에서 엄청난 양의 공부를 한 것은 물론이고, 휴일에는 페르민을 만나거나 도시에 사는 이웃들을 방문하고 역사적 유적과 궁전, 유서 깊은 성당에 갔기 때문이었다. 뿐만 아니라 잡지와 신문 편집자들도 자주 만났고 친구이자 유명한 화가인 곤살보를 비롯한 여러 예술가, 작가들과 교제했다. 유명한 작품을 상영하는 중앙극장의 13번 좌석에서 페르민을 만나는 일도 있었다. 이렇게 엄청난 양의 학교공부를 하고 여러 수업을 듣고 사물과 사람에 대한 끝없는 호기심을 충족시키는 한편, 마드리드에서 시작한 극작 <간음한 여인>[27]를 마무리 짓는 작업도 병행했다. 정말이지 왕성하고 놀라운 작업량이었다.

---

27) La Solucion

식민지의 권력 중심에서 활동하면서 안틸라스 지역 사람들의 기본적인 권리에 대한 통치자들의 경시와 이 전제적인 시스템이 만든 육체적 정신적 악습의 뿌리들에 대하여 마르티는 알게 되었다. 그 외에도 그는 공화국에서의 정착을 통해 까보로 가져간 개혁 시도의 실패와 몰락, 민중들을 향한 당국의 야만적인 탄압을 직접적으로 목격했다. 이러한 개인적인 경험들은 그의 정치적 발전을 가속시켰고 스페인이 결코 쿠바를 이롭게 해주기 위해 양보하지는 않을 것이라는 확신을 가지게 되었고, 그의 유일한 목표는 쿠바사람을 위하여 당당하게 총과 용기로 무장하여 완전한 독립을 달성하는 것이었다.

그의 입장은 스페인 국가에 거역하려는 것이 아니라 식민지의 압제에 대항하는 것이었다. 현시대와 상황에 있어서 마르티는 심각한 거짓 자유주의자들과 무능한 공화주의자들, 부패한 인물들과 보수주의자에 대해 비판했다. 또한 민중들의 당당함과 정직함, 낭만적인 것과 돈키호테적인 것, 선량함과 맹렬함을 높이 평가했다. 사랑과 이해, 애정을 발견한 사라고사에서처럼 마드리드에서도 그렇게 자신의 활동을 이어나갔다. 국가에 대한 그의 비전은 민중들에게 충실한 넓고 밝은 것이었으며 민중들의 잠재된 저항심 속에 살아있는 자유를 추구하는 것이었다.

지칠 줄 모르는 독서와 학구열은 자주 가는 도서관과 아테네오, 그리고 친구들의 집에서 책들과 잡지들, 신문을 접하게 했다. 이러한 방식으로 동시대의 철학과 정치사상의 흐름에 관한 그의 지식을 확장하고 조국을 위해 싸운 저명한 투쟁가들의 탁월한 자유주의를 추구해나갔다. 그리고 정부기구와 식민지 경제를 영구히 소유하려했던 부르조아들과 대지주들에 대항한 민중들의 필요에 답할 수 있고 민중들의 이익과 함께 동시에 발전을 가능하게 하는 민주주의에 기반을 둔 개념을 만들어 나갔다.[28)]

5월28일 사라고사 문과대학 학장에게 학과목 시험을 치기 위한 승인을 얻고 1874년 6월 25일과 27일에 사라고사 국립중등교육센터에서 고등학교 졸업단계의 인문분야 두 가지 심사에 합격했으나 수수료를 납부할 수가 없는 관계로 그에게 졸업장은 발급되지 않았다.[29)] 1872~73년 대안학교의 학생으로서 시험에 응시하여 미술부문 중등교육과 사라고사 중등교육의 두 학위 심사 및 미술부문 전문가 학위시험에 합격하였으며 사라고사 대학에서 민법과 교회법규 학위시험을 위해 논술을 내고 1874년 6월30일에 구술형식 심사에서의 주제였던 “유스티니아누스 법전의 민법 요강에서 첫 번째 책의 두 번째 단락. 사람과 시민의 자연권에 대해”에 대한 해박한 설명으로 민법과 교회법 대학졸업장을 받게 되었다.[30)]

---

28) 마르티 이전의 혁명주의자들은 반식민전쟁이었다. 자치권을 위한. 스페인을 몰아내기 위한. 마르티는 모든 것을 화합하려 했다. 조화. 전체가 같이 가야 했다. 노동자와 민중들이 어떻게 더 민주적일 수 있는가. 민중과 노동자, 가난에 관심이 많았다. 그렇다고 사회주의자는 아니었다. 많은 러시아인이나 학자들이 그를 마르크스주의자로 보는 견해도 많았지만, 그는 가난한 사람을 늘 생각한다는 점에서 같았지만 사회주의 이론을 따라가지 않았다. 그는 모든 전쟁이 휴먼이어야 했고, 사랑의 전쟁이었다. 그래서 그만큼 고통스러워했다.

29) Ibrahim Hidalgo Paz: 『Cronologia de Jose Marti』, Centro de Estudiosos Martianos, La Habana. 2007. p.29

30) 위와 같음.

다시 같은 대학의 문학과 철학학부에 등록하기 위하여 신청서를 제출하고 1874년 10월 24일 그의 학업의 마지막 심사를 받게 되는데, 우연히 뽑은 주제가 "로마인들 사이의 정치적인 웅변술과 법의학. 가장 높은 표현으로써의 안내서: 그의 수사학의 작품들에서 교정과 함께 검토된 연설들"이었다. 그는 빼어난 논술로 최우수를 받았고 문학과 철학에서 대학졸업장을 획득하기에 이르렀다.[31] 이렇게 해서 사라고사에서 1년 5개월 만에 민법과 교회법, 철학과 문학학위도 마치게 되었고 마드리드로 여행하며 그의 희곡 「간음한 여인」의 첫 번째 버전 쓰기를 끝내기도 했다.

그러나 그의 지식을 성장시킨 것은 대학의 학문들뿐만이 아니라 쿠바 아바나에서 학교교육을 통해 습득했던 그의 모국어가 지배하고 있는 스페인 전역에 있었고 히스패닉 문화와 전통의 본질적인 특성들을 습득하는 과정을 통해 그의 인격 형성은 더 확장되었다. 민중들의 도덕적, 문화적 자산에 의해 표현된, 그리고 한층 뛰어난 고전주의와 모더니즘 작가들에 의해 표현된, 그 모든 것들을 그는 쿠바인의 깊은 뿌리와 함께 비교하고 종합했다. 이렇게 할 수 있었던 것은 학생 시절 이전부터 형성된 광범위한 기초를 가지고 있었기 때문이며, 그의 스승인 라파엘 마리아 데 멘디베 선생이 교실에서 가르칠 때 학과목의 내용만 전

31) Ibrahim Hidalgo Paz: 『Cronologia de Jose Marti』, Centro de Estudiosos Martianos, La Habana. 2007. p.29

달한 것이 아니라 문학동아리를 구성하여 통합해서 가르쳤다. 거기에서 호세 마리아 에레디아의 애국적인 시들, 펠릭스 바렐라와 호세 안토니오 사코의 정치적인 원고들, 호세 데 라 로스와 카바예로의 사상과 다른 무수한 쿠바 수호자들의 작품들을 읽고 논평했던 것이며 이것들은 해방전쟁을 시작하는 것을 가능하게 했다.

한 젊은이가 가지고 있던 애국적이고 민족주의적인 견고한 지식은 민중의 필요들에 대답하지 않는 당시의 정치적, 문학적, 철학적인 것들을 거부했으며 마르티는 죽을 때까지 아라곤 주의 주도(主都)에서의 삶을 잊지 않았다. 그는 몇 달 간 성실하고 정직한 사람들과 지내며 매우 집중적이고 유익한 성과를 만들어냈다. 그에게 이것은 드라마틱하면서도 만족스러운 시간이었다.

6월 8일, 라스 고르테스가 연방공화국을 선포했으나, 이듬해인 1월 3일 파비아 장군이 주를 공격하면서 라스 고르테스를 해산시키고 만다. 권력은 세라노 장군의 손에 넘어갔다. 사라고사의 공화주의자들은 여러 길목에 바리게이트를 세우고 무장군들과 격돌을 시작했다. 봉기가 압도당하고 말았다. 그러니까 마르티가 사라고사에 머문 지 일곱 달이 되었을 무렵 군사 쿠데타가 일어나 공화국을 무너뜨렸고 스페인 땅에는 다시 독재가 시작되었다. 쿠데타 소식이 사라고사에 전해졌을 때 시민들은 군대의 배신자들로부터 자유를 수호하기 위해 거리에 바리게이트를 쳤다. 포탄이 남자와 여자 그리고 어린 아이들 위에 쏟아졌고 피로 물든 이 폭력의 현장에 마르티가 있었다.

1874년 1월 어느 날 공화국 수호를 위해 죽은 사람들의 유가족들을 도우기 위한 기금을 모금할 목적으로 열린 극장의 야간 공연에서 마르티는 명예와 자유라는 이상을 지키다 죽어간 사람들을 기리는 엄숙한 연설을 했다. 시민들은 한 훌륭한 쿠바 청년이 위엄 있는 모습으로 자신들과 함께 고통을 느끼며 항의하는 모습을 보고 감탄과 호감이 담긴 열광적인 반응을 보였다.

마르티는 결코 아라곤 지방의 정직하고 성실하며 용감한 사람들을 잊지 않았다. 그들의 따뜻한 위엄과 진실한 포용을 잊지 않은 것이다. 동시에 그는 달콤하면서도 씁쓸한 아름다운 사랑의 기억을 마음속에 간직했다.

스페인에 있는 아라곤이여
내 가슴 속에 한 장소
아라곤 전부를 지녔으니
앙심 없이 솔직하고 거대하고 충실하나니

내가 왜 지니고 있는지
어리석은 이가 그 이유를 묻는다면
그에게 말하리라 거기 친구가 있으며
거기 한 여자를 사랑했노라고
스페인의 아라곤이여[32)]

32) "Versos Sencillo Ⅶ", en OCEC t.14, p.309

그리고 그는 사라고사를 떠났다. 4년간의 스페인 망명생활을 통해 자신에게 필요한 일과 공부는 끝낸 터였다. 이제는 조국과 가까운 아메리카 대륙으로 돌아갈 때였다. 아라곤 땅을 떠나는 것도 괴로운 일이었고, 사랑하는 여인 블랑카와 헤어지는 고통도 직면해야 했다. 이 아름답고 젊은 아가씨는 슬픔에 빠져 애원의 빛을 보이고 있었다.

그러나 의무감이 고통보다 강했다. 그는 떠나야 했다. 마르티는 순진하고 내성적인 여동생 아나의 병과 아들인 자신의 일 때문에 아바나에서 살기 어려워진 부모님과 네 여동생들이 지난 4월에 멕시코로 이주했다는 것을 알고 있었다. 아나는 멕시코에서 계속해서 투병 중이었으며 마르티는 그곳으로 가야했다.

그리하여 그 해가 다 가기 전에 마르티와 페르민은 마드리드를 경유하여 파리로 갔다. 그렇게 젊은 시절의 스페인 추방생활이 끝이 났다. 그것은 고통과 환상과 환멸의 꿈같은 시간이었다. 마드리드에서 멕시코로 이동하기 위하여 필요한 수속들을 실행하면서 12월(?)에 아우스떼 바께리를 만나고 역시 아마도 빅토르 위고도 만난 것 같다. 발데스 도밍게스와 헤어져 울프호를 타고 프랑스의 하버를 가로 질러서 영국의 사우스암프톤으로 갔다.(아니면 28일 앨리스에서 여행했을 수도 있다.) 12월, 그의 마지막 장소에서 리버풀로 이동했다.

제2부

6장 · 유럽에서 멕시코로

1874년 말에서 1877년 2월까지

페르민은 언제나 동고동락한 형제 같은 친구였다. 그곳에서 가지고 있는 모든 것을 그와 나누었고, 매사에 동행하며 즐거워했다.

겨울에 두 친구는 파리에 도착했다. 오! 파리는 마르티에게 늘 영혼의 환상이었다. 파리는 당시 세상 문화의 중심이고 자유를 향한 새로운 시대의 혁명을 열어준 도시의 심장이었다. 마르티는 프랑스어를 할 줄 알았고, 프랑스문화를 좋아하는 열렬한 숭배자였다. 이 빛의 도시에서 지내는 날들을 유용하게 보내야 했다. 그는 가장 전통적이고 아름다운 장소를 돌아다니는 데 열중했다. 시인과 소설가들, 가장 뛰어난 천재적인 작가들의 책을 탐구하고 찾아다녔다. 그리고 모든 시대의 위대한 작품이 있는 유명한 박물관을 방문했다.

잊을 수 없는 날들이었다. 그러나 모든 것을 포기하고 계속 여행해야만 했다. 페르민은 이민자들이 증기선을 타는 아브레 항구까지 마르티와 동행했다. 페르민은 유럽에 아직 머물러야만 했다. 두 친구는 긴 포옹과 함께 이별을 했다. “내 형제 페르민!” “사랑하는 마르티! 너를 만나러 갈 거야!”

1875년도의 마르티.

배가 출항하고 프랑스 해안이 이내 안개 속으로 사라졌다. 영국에 잠시 머물렀다 대서양을 횡단하는 긴 날들이 지나갔다. ‘아바나인가?’ 그랬다. 거기 아바나가 있었다. 배는 아바나 항구에 역시 기항했다. 마르티는 거기, 자신의 도시, 아바나에 가까이 있었다. 하지만 그는 내릴 수 없었고, 도시를 단지 눈으로만 바라보아야 했다. 오만한 관리들이 항구를 오가는 것을 반감을 가지고 뱃전에서 응시했다. 한창 불붙은 7년 독립전쟁의 고귀하고 용감한 전쟁터를 상상하면서 위로를 느꼈다. 남아메리카의 대지로 그를 데려가는 이 여행에서 마르티는 스물 두 살을 맞이했다.

마침내 베라크루스! 바다에서부터 햇볕이 펼쳐지고 녹색의 향기로운 식물들 사이로 마르티는 멕시코의 땅인 베라크루스를 밟았다. 거기에서부터 헐떡거리는 기차를 타고 비옥한 평원을 관통하며 절벽을 따라가서 건조하게 경사진 땅을 올랐다. 그리고 산봉우리에 에워싸인 꽃이 만발한 수도에 도착했다.

기차역에 아버지가 기다리고 있었다. 가족의 친구이며 이웃인 마누엘 메르카도라는 멕시코인도 함께 있었다. 그리고 누이들도 나와 있었다. 카르멘, 아멜리아, 안토니아, 결혼한 레오노르는 아바나에서 곧 도착할 예정이었기에 거기 없었다. 아나가 없었다. “아나는 어디에 있어요?” 아버지 마리아노는 온통 검은 옷을 입고 있었다. 그리고 모두 슬픔의 그림자에 잠겨 있었다. 예쁘고 가장 사랑스럽고 달콤한 여동생 아나가 심장병으로 마지막 숨을 거둔지 한 달이었다. 금세 그는 그것을 알아챘다. 나중에 비통한 마음으로 시를 썼다.

가난한 가슴은 내게 말하나니
아! 사랑의 향기를 뿜어냈던 나의 환상이
내 두 팔 안에 따뜻하게 안기곤 했던 순수한 소녀가
내가 돌아왔을 때 내게서 떠나버렸단 말인가?[33)]

사랑하는 누이의 죽음이라는 고통은 고된 재봉 관련 일을 하며 살아가는 가족들, 그의 어머니와 누이들을 긴밀하게 하나가 되게 했다. 가엾고 늙은 아버지는 이미 아무 일자리도 구할 수 없었다. 고귀한 마누엘 메르카도는 마르티와 전 생애에 걸쳐 긴밀한 우정을 쌓게 된다. 메르카도는 영향력이 있는 사람이었다. 그리고 그는 마르티에게 “레비스타 유니버셜”이라는 잡지에서 일할 수 있도록 추천해주었고 마르티의 탁월한 재능은 그

33) "나를 기다렸던, 친구“, en OCEC t.15, p.101

평생 동지이자 친구였던 마누엘 메르까도.

신문사에서 두드러지고 뛰어났다. 그의 문화적 교양과 우아함과 달변은 모든 것을 완수했다. 처음에는 시를 발표하고 나중에는 논설을 발표했다. 오레스테스라는 필명으로 논설을 발표했다. 독창적인 문체와 예리한 글쓰기는 독자와 그의 재능을 찬탄하는 사람들의 공감을 이끌어 냈다.

그들의 사회 경제적인 상황 때문에 불안해하는 아메리카의 민중들의 운명에 대한 마르티의 신념이 담긴 글들은 모두에게 용기를 북돋아 주었다. 각 민족의 고유한 성격을 유지하고 격려하는 과제는 멕시코에서 그의 임무였다.

"그는 이방인이 아니다. 바로 우리와 같은 편이며 그는 우리다!"라고 그의 멕시코 동지들은 말했다. 마르티는 이미 "아메리카의 사람"으로 한때 꽃피웠던 문명의 굴욕과 멸망을 증언하는 아메리카 원주민들을 구원하며 그들에게 믿음의 사람으로 알려졌다.

마르티는 민중들의 교육을 위해 민주주의의 이상을 추구하는 글을 자신의 경험과 마음 속 깊이 느꼈던 행복을 바탕으로 써나갔다. 동지들과 함께 자신의 조국에서 같이 싸울 수 없는 고통을 안고 살아가는 그는 "그들 곁에서 싸우지 않는 사람들에게 분노와 부끄러움"[34]을 느꼈다. 쿠바 민중을 지켜낸 영웅적인 전투를 폄하하려는 세력에 대항하면서 그는 지속적인 투쟁으로 그 가치들을 지켜내었다.

정치와 시, 그리고 예술을 통해서 마르티는 글을 써나갔다. 그리고 하루 만에 연극 감독과 배우들이 만족할만한 <사랑은 사랑으로 갚아라>라는 연극의 각본을 성공리에 썼다. 작가로서 마르티의 명성은 확고해졌으며 점점 높아졌다. 그리고 노동조합들 사이에서도 역시 훌륭한 웅변가로서 큰 신뢰를 얻게 되었다.

멕시코에서의 마르티의 교류 중에 그의 삶에 깊은 흔적을 남긴 중대한 사건이 있었다. 돈 프란시스코 사야스 바산은 부유한 쿠바 변호사였는데 까마구에이 출신이었다. 마르티는 그의 집을 빈번하게 방문하여 사랑하는 조국의 분위기를 회상하고 호흡했다. 돈 프란시스코에게는 세 딸인 카르멘, 이사벨, 로사가 있었다. 카르멘은 아름답고 우아하고 매력적인 여인이었고 그녀는 아름다운 눈과 부드러운 목소리를 가지고 있었다. 카르멘은 달콤하고 신념에 차 있는 감동적인

아내가 되는 카르멘 사야스 바샨.

34) "쿠바", en OCEC t.1, p.123

말을 하는 젊은 언론인이자 시인인 마르티에게 금세 빠져들었다. 마르티는 그녀에게 열렬하게 애정을 느끼며 평생을 같이 하겠다는 사랑이 마음속에서 싹텄다.

멕시코에서 생활한 지 대략 2년 동안 마르티가 새 방향을 모색해야 할 사건들이 생겼다. 우호적으로 그를 맞아들였던 멕시코에서 좋지 않은 방향의 급격한 정세의 변화가 생겨 고귀한 투쟁을 하는 외국인에게는 어렵고 위험한 상황이 되고 있었다. 마르티에게는 가족들이 항상 깊은 걱정거리였으며 멕시코 고산의 기후는 그의 여동생 아나의 기억과 함께 가족에게는 두려움이었다. 그렇지만 까르멘과 꿈꾸는 안정된 가정과 직장을 꾸리는 환상을 포기할 수 없었다.

마르티는 불확실한 운명일지라도 멕시코를 떠나기로 결심했다. 아바나를 향한 그의 가족 여행을 서두르기 위해 먼저 준비에 나서며 베라크루스에서 배에 올랐다. 쿠바로 가는 동안에 그의 가족들이 어떻게 쿠바에 정착할 것인지를 궁리했다. 추방된 마르티는 쿠바 입국이 금지되어 있었고 그래서 그의 친구들이 마련해 준 멕시코 여권의 이름은 훌리안 페레스였다. 그것은 그의 두 번째 이름이었고 1877년 초에 마르티는 베라크루스에서 아바나로 여행했다. 조국에 입국하는 것은 위험했지만 그는 담대했고 조국을 떠난 지 6년만이었다. 배에서 내리자마자 발데스 도밍게스의 집을 찾아 큰 기쁨과 놀라움으로 열렬한 환영을 받았다.

다른 나라에서 귀환한 마르티는 일상의 부패한 환경을 가까이에서 느끼며 전쟁 이후 9년이나 되었는데도 혁명의 불확실한 목표에 실망할 수밖에 없었다.

아바나에서는 공공연히 노예가 거래되고 비천한 사람들에 대한 착취와 만연한 가난을 감출 수가 없었다. 그러한 사이에 비열한 거래와 법의 전횡이 만연되어, 혁명의 진행은 결국 지도자들 간의 피로와 무질서 그리고 대립과 불일치의 행보가 되었다. 반란군의 힘은 쿠바 외부의 조직적인 지원과 공감을 얻지 못하면서 투쟁은 쇠퇴해져 갔다. 그것은 승리할 수 있는 효율적인 전쟁이 아니었다. 확실하게 이길 수 있는 혁명은 더욱 더 준비되어야 했다.

한 달 반 뒤 아바나에 부모의 귀환을 잘 준비해놓고 마르티는 과테말라로 가서 일을 구하고 새로운 삶을 살기로 결정했다. 페르민의 아버지는 마르티에게 걱정 없이 가도록 격려해주었고 그의 도움으로 여행을 떠날 수 있었다. 아메리카의 땅에서 마르티의 새 삶의 지평이 열렸다.

7장 · 과테말라

1877년 2월부터 1878년 8월까지

배는 쿠바에서 베라크루스까지 항해했다. 거기서부터는 중앙 아메리카의 대륙이었다. 유카탄의 끝자리에서 과테말라의 땅에 닿을 때까지 며칠을 마르티는 배에서 배로, 마을과 들판을 이어가면서 홀로 길을 갔지만 생동감과 자신감이 있는 여행이었다. 푸르고 울창한 밀림의 과테말라는 그의 앞에 화려하게 나타났고 장대한 대자연에서 인간의 발자취는 그저 원시생활의 소박함과 같을 뿐이었다. 한편 외롭고 슬픈 인디오의 존재는 풍경 속에서 우울한 심정으로 다가왔으며 광활한 대지 위에는 초록으로 빛나는 과테말라의 아름다운 새인 케찰"[35]들이 있었다.

마르티는 고된 여행의 모든 날들을 기록했다. 마침내 3월이 되었을 때, 꽃이 만발한 화려하고 높은 계곡에 있는 수도에 도착했다. 낯설고 피곤하였으나 호의적인 나라에서의 희망은 그

35) "인디언의 유적들", <황금시대>, en OCEC t.18, p.381

를 고양시켰다. 그는 페르민 발데스의 아버지가 공화국의 대통령에게 써준 편지를 가지고 있었다. 그러나 처음으로 그에게 손을 내밀어 후원하고 이끌어준 사람은 노르말 학교의 교장이던 호세 마리아 이사기레였다. 이사기레는 예의가 있는 사람이자 시인이었고 마르티의 글들을 읽은 사람이었으며 마르티를 존중했다.

- 당신이 「쿠바의 정치 감옥」의 저자인 호세 마르티인가요?

- 네, 선생님. 제가 희생자로 언급된 사람이고, 그 책의 저자입니다.

이사기레의 추천으로 마르티는 노르말 학교 철학부의 역사와 문학 선생으로 임명되었고 얼마 지나지 않아서 마르티는 이 도시에서 학식 있는 사람들의 호평과 호감을 얻었다. 당시 그는 선생이 된 것에 깊은 만족을 느꼈다. 교실과 복도에서 학생들은 그의 소중하고 감동적인 말들과 애정에 찬 부드러운 태도에 감화를 받으며 그의 이야기를 즐겨들었다.

노르말 학교에서 만들어진 한 야간모임에서 언변이 유창한 정부의 두 장관이 연설을 했다. 마르티도 허락을 받아 연설에 나섰는데 초기에는 겸손과 고요함이, 나중엔 열정을 다하며 그의 박식함이 넘쳐났다. 모인 모든 사람들은 타국에서 온 그 젊은 선생에 대해 눈이 휘둥그레졌다.

소박하고 진심어린 성품을 가진 선생의 명성은 점점 높아져 갔고, 그에 대한 많은 찬사들이 회자되었다. 그리고 능력과 지위가 높은 사람들이 그에게 매력을 느끼고 교류하고 싶어 했다.

그러나 그는 명성과 명예를 얻으려 열망하지 않았고 묵묵히 굳건한 계획을 가지고 과테말라에 왔던 것이며 스스로가 그것을 말했다. "정직한 노동의 위로 속에서, 그리고 강건한 전쟁을 위한 준비 속에서, 내 조국의 전쟁터에서 싸우고 있지 못하는 나의 고통을 억누르다."[36)]

많은 유명인사의 집들이 마르티의 방문을 기다리며 열려 있었다. 그러나 그는 전 총리인, 국가에 좋은 정치가로 의무를 다한 사람인 가르시아 그라나도스 장군의 집에 더 즐겨 자주 찾아갔다. 이 고상한 정치가는 그와 체스를 두기도 했지만 아메리카 민중들과 그들의 미래에 대하여 토론하기 위해 마르티의 방문을 유쾌하게 받아들였다. 장군의 큰 딸이었던 마리아, 역시 추방의 고통을 두 눈동자에 지닌 친구 마르티의 방문을 기다렸다.

마리아는 매우 젊고 아름답고 또 섬세했으며 검은 큰 눈동자의 눈길은 부드럽고 달콤했다. 두 친구에게 있어서 함께 있는 시간들은 만족스럽고 즐거운 일이었고 그는 그녀에게 아름다운 언어와 세련된 시들을 가지고 이야기했다. 아, 그러나 그녀의 눈 속에는 연한 슬픔이 만들어졌고 그 목소리의 표현 속에서는 희망이 없는 가슴 아픈 사랑의 떨림이 있었다.

마르티를 기다리고 있는 카르멘을 향한 사랑의 약속과 불꽃처럼 소진되고 있는 사랑으로 괴로운 마리아의 쓰디쓴 절망의 고통이 젊은이의 가슴 속에서 싸웠다.

---

36) "호아칸 마칼에게 쓴 편지", en OCEC t.5, p.83

1877년이 끝나기 전에 마르티는 그의 약속을 지키기 위하여 멕시코로 향해 출발했고, 거기에서 25살이 가까운 12월 20일에 결혼했다. 과테말라에 대해 쓴 소책자 출판을 끝내고 카르멘과 함께 마르티는 노르말 학교에서 그의 일을 계속하기 위하여 되돌아오지만, 얼마 후에 감미로운 과테말라의 소녀 마리아 가르시아 그라나도스의 두 눈은 영원히 닫혀버렸다. 마르티는 달랠 길 없는 고통을 느끼며 몇 년 후에 슬픈 기억으로 노래했다.

시 '소박한 9번'에서 아름답게 형상되었던 과테말라의 소녀 마리아 그라나도스.

이별의 키스를 했을 때
그녀의 이마는 달아오른 청동으로 된 것 같았지
나의 생애에서 가장 사랑한 이마였지

나는 날개의 그늘에서
가장 아름다운 이야기를 전하고 싶으니
과테말라의 소녀, 사랑 때문에 죽은 그녀를

붓꽃으로 된 한 다발 꽃이었지
물푸레나무와 쟈스민으로

가장자리를 두른 비단상자 안에 그녀를 묻었지

그녀는 건망증이 심한 사람에게 향기 주머니를 주었지
그는 돌아왔으니, 결혼해서 돌아왔으니
그녀는 사랑 때문에 죽었으니

주교들과 사제들은 그녀를 관속에 싣고 갔지
뒤에 차례대로 사람들이 걷고
모두 꽃들로 가득했지

그녀는 그를 보기 위해 돌아왔으니
그를 보려고 전망대로 나갔지
그는 그의 아내와 돌아왔으니, 그녀는 사랑 때문에 죽었지

이별의 키스를 했을 때
그녀의 이마는 달아오른 청동으로 된 것 같았지
나의 생애에서 가장 사랑한 이마였지

그녀는 저녁에 강으로 들어갔지
의사가 죽은 그녀를 건졌지, 추위 때문에 죽었다고 말했지
나는 그녀가 사랑 때문에 죽은 것을 알지

차가운 묘지에서 그들은 두 개의 벤치에 그녀를 눕혔지
가느다란 그녀의 손에 입 맞추었으니
그녀의 하얀 신발에 입 맞추었으니

침묵 그리고 어두워질 때에 매장인부가 나를 부르는 구나

결코 더 이상 돌아보지 않으리라
사랑 때문에 죽은 그녀를 보지 않으려고[37)]

마르티가 부재하는 동안 노르말 학교와 교장에 대항하는 반대 세력이 빠르게 생겨났다. 이사기레를 그의 직위로부터 파면하기 위하여 대통령에게 편향적으로 보고하고 신뢰를 깎아내리는 것이었다.

막 결혼해 선생 월급으로 살아야 했던 마르티는 당시 그의 가정을 유지하기 위하여 더 많은 돈이 필요했다. 그러나 자신의 친구가 고통 받는 부당함 앞에서 그는 앞장서서 그에게 말하기 시작했다.

- 그들이 너에게 한 행동들은 비열한 것이야, 즉시 나의 사표를 제출하겠어.

- 이사기레가 그에게 말했다. 그런 미친 짓 하지마. 여기에서의 월급을 포기한다면 가정을 유지할 수가 없어.

- 마르티가 다시 말했다. 사직할 거야. 나의 아내와 나, 우리가 굶어 죽을지라도 불의에 대해 연대하는 이것이 나는 더 좋다네. 생활을 위한 월급을 거절하는 자신의 남편을 이해할 수 없는 카르멘을 무시하고 마르티는 학교를 그만두었다.

한편 세스페데스 중심의 쿠바 공화국은 스페인 제국을 지지하는 쿠바 내 지주들을 의식하여 개혁에 소극적이었다. 때문에 노

37) 「소박한 시 IX」 전문, en OCEC t.14, p.312

예제 폐지론자, 노동자, 농민들로부터 적극적인 지지를 얻어내지 못했고 스페인제국과 10년 간의 전쟁이 끝나지 않자 산혼조약을 맺음으로써 6개월 전에 이미 전쟁이 끝나 있었다.

그러나 마르티의 자유에 대한 열망과 희망은 죽지 않았다. 거기에 사랑하는 가족이 있고 사랑하는 조국에서 아기가 태어날 것이었다. 노새의 등에서, 수도에서, 바다까지 길고 고된 여행 끝에 마르티는 8월에 카르멘과 쿠바로 향하는 배에 승선했다.

8장 · 쿠바의 혁명 동지들

1878년 8월에서 1879년 9월까지

또 한 번 풍랑을 맞으며 나아갔다; 지금은 그의 조국으로 가는 길. 쿠바에서 전쟁은 그쳤고 추방되었던 사람들은 고국으로 돌아올 수 있었다. 마르티는 안정과 자리를 찾으려 하지 않았다. 그는 싼혼 협정이 쿠바에게 내어 준 충분하지 않은 자유의 환상은 독립을 목말라하는 사람들에게 전혀 만족을 줄 수 없다는 걸 알았다.

그러나 비록 무장 해제를 하였을지라도 완전한 독립에 대한 열망은 독립군들의 가슴에 뜨겁게 남아 있음을 또한 알았다. 마세오나 막시모 고메스 그리고 다른 주요 장군들은 저항의 불꽃을 지닌 채 쿠바 밖으로 나갔었다.

목축 운반선을 타고 카르멘과 고된 여정을 하는 동안 마르티는 미래를 꿈꾸었다. 그리고 환상 속에서 필연적인 투쟁을 준비하며 갈망하는 힘을 준비하였다. 아들이 태어날 조국의 자유를 쟁취하기 위해 그는 뜨거운 혁명 의지를 바치기로 했다.

카르멘과 마르티는 8월 31일 아바나에 도착했다. 그의 가족은 근근히 살고 있었다. 그는 매우 빠듯했고 아들이 태어 날 때를 놓치지 않고 준비해야 했다.

결코 변호사라는 직업에 호감을 갖고 있지 않았고, 스페인에서 공부 한 학위증명서도 없었기 때문에 그 일을 할 순 없었다. 일자리를 찾아 법률 사무실을 하는 두 친구를 찾아 갔다. 처음에는 니꼴라스 아스까라떼였고 다음은 미겔 비온디였다. 그 다음에는 학교 선생으로 일하게 될 것이다.

아바나에 온 지 거의 3개월만에, 아들이 태어났다. 그는 삶에 선물처럼 느껴졌다. 부성의 부드러운 위대함! 마르티의 부성은 최고였다! "페페가 갓 태어났을 때 인생 최고의 순간이 뭔지 알게 되었다"[38]

그러나 가장 사랑하는 존재들인 사랑하는 아내와 그에게 다시 태어난 걸 느끼게 해 준 왕, 아들과 함께 누리는 가족의 행복에도 그는 이성을 잃지 않고, 삶의 동기인 조국에 대한 헌신의 열망을 갈구했다.

쿠바에서 투쟁은 중지되었지만 정신은 여전히 살아있었다. 몇몇은 더 적합한 조건을 찾아 혁명을 준비하기 위해 해외로 떠났다; 다른 사람들은 조국에 남아 비밀리에 움직였다. 마르티는 그 열망들을 하나로 묶어 세워야 했고, 결코 사라지지 않았고 사라질 수도 없는 애국심을 느끼게 하는 목소리가 되어야 했다.

---

38) en OCEC t.18, p288

남아 있는 사람들과 해외로 떠난 군 지도자들의 관계를 이어 줄 과업에 마르티는 혁명 동지들과 유능한 연락책들과 함께 착수했다. 이 과업에서 박식하고 충실한 친구, 신문기자 후안 구알베르또 고메스는 가장 활동적이고 유능한 동료 중의 하나였다.

마르티는 아내와 아들과 수수한 집에서 살면서 법률 사무소 일과 교사 일을 계속 해 나갔다. 혁명 동지들과 모임은 그를 집 밖에서 있게 했다. 이런 일들을 하면서도 그는 대중들의 초청과 강연 자리를 마다하지 않았다. 구아나바꼬아의 문학예술협회에서 그는 문학분과 간사를 맡게 되었고, 그 권위있는 기관에서 매우 감명 깊은 연설을 했다. 그의 나이는 26살, 사람들의 마음을 움직이고 사로 잡는 경이로운 연사였다.

시인 알프레도 또로에야의 기억 속에 그의 강연은 감동 그 자체였다. "예술에서 이상주의와 현실주의"에 관한 토론에서 그의 역할은 빛났다. 그 자리에 있었던 우리들의 사상가 엔리케 호세 바로나는 후에 이렇게 회고했다. "마르티가 말했던 그 모든 순간들의 황홀함을 잊지 못할 거야."[39] 스페인 희곡 작가 에체가라이에 관한 연설은 훌륭했다. 신문기자인 아돌포 마르께스 스떼를링의 영예를 축하하는 만찬에서의 헌사는 매우 훌륭했다. 그 자리에 모인 사람들에게 "투쟁하는 사람이 타협하려는 사람보다 더 가치있기 때문에, (...) 권리들은 구걸하는 것이

39) 엔리케 호세 바로나, 『호세 마르티, 작품과 삶』, 시루엘라 출판사, 스페인. 1995, p56.

아니라 쟁취하는 것입니다."[40]라고 했다.

다음날에는 협회에서 바이올리니스트 디아스 알베르띠니의 축사를 해야 했다. 그 연회에는 쿠바 총독인 라몬 블랑코도 참석했다. 그는 마르티의 연설에 매료되었다. 그러나 경탄을 멈추고 나서는 말했다. "내가 들은 것들을 기억하고 싶지 않구나. 스페인 정부를 대표해서 참석한 내 앞에서 감히 말할 수 없는 것들인데. 마르티는 미치광이야. 그런데 위험한 미치광이야."[41]

정부의 위협 신호에도 마르티는 위축되지 않았다. 진실과 정의 앞에는 어떤 두려움도 없었고 그의 길은 정해져 있었다. 그의 삶은 고귀하고 정의로운 유일한 동기를 지지하는데 맡겨져 있었다.

혁명의 기운이 온 나라에 퍼져나갔다. 계획은 쿠바의 동쪽에서 발각되었고, 8월 26일 지원도 없이 그곳에서 깃발을 올렸다. 그리고 나서 산따 끌라라에서도. 혁명은 오래 지속될 수 없는 작은 전쟁에서 시작되었던 것이다.

마르티와 후안 구알베르또 고메스 장군은 봉기 세력을 지원하기 위한 조직을 구성하기 위해 아바나에서 혁명가 그룹 모임을 하기로 약속했다. 비밀리에 레글라에서 모임을 가지고 마르티를 지도자로 하는 위원회가 구성되었다. 그러나 어떤 첩자의 밀

40) "아돌포 마르께스 스떼를링에게 경의를 표하는 기념 연회의 축사", 루브르 홀에서, en OCEC t.5, p59.
41) 호르헤 마나크, 『사도 , 마르티』, 에스빠사-깔페. 멕시코, 1944. p118.

고가 있었고, 블랑코 총독은 곧바로 마르티가 음모의 핵심임을 알아차렸다.

과업을 진행하기 위해 후안 구알베르또를 집으로 초대해 모임을 가졌던 어느날 미처 식탁을 다 치우기도 전에 누군가 문 밖에서 두드렸다. 문을 열어주러 나간 카르멘이 돌아와서는 불안한 표정과 음성으로 말했다.

“뻬뻬, 누가 당신을 찾아 왔어요.”

현관으로 나간 마르티는 금세 다시 돌아왔다. 침착하게 아내와 동지에게 간단한 말을 나누고는 방으로 들어가서 약간의 돈을 챙긴 뒤에 경찰 감시원을 따라 나섰고 구금되었다.

즉시 변호사 친구인 아스까라떼와 구알베르또에게 연락이 취해졌다. 그들은 영향력 있는 사람들에게 도움을 청했다. 식민지 정부는 비밀리에 만일 마르티가 스페인 정부에 대한 지지를 표명한다면 쿠바에서 계속 살아 갈 수 있게 허락할 것이라고 넌지시 제안했다. 누군가 마르티에게 그 말을 전하자 이렇게 답했다. “나는 조국을 팔아 먹는 사람이 아니다!”

며칠 뒤인 1879년 9월 25일, 마르티는 ‘알폰소 12호’ 증기선을 타고 다시 한 번 스페인의 산탄데르 관할지로 추방되었다. 또 한번 어머니, 형제들, 병든 아버지와의 이별이었다. 항구에서 아내와 아들에게 고통스런 작별 인사를 했다.

마르티에게 험난한 여정이었다. 항구의 요새와 펼쳐진 도시의 친숙한 광경들이 멀리 사라질 때까지 바다 한가운데로 알폰소 12호는 계속 나아갔다. 같은 길의 다른 기억인 8년 전의 잃어버린 고통이 살아났다. 첫 추방의 경험은 18살 때였고, 이번에는 26살이었다.

9장 · 스페인으로 두 번째 추방

1879년 10월에서 1880년 1월까지

산탄데르에서 단지 며칠 쉬고 기다렸다가 바로 마드리드로 갔다. 마르티는 호기심 어린 눈으로 전에 왔던 곳을 다시 둘러 보았고 그의 열정은 그가 없었던 6년 동안의 변화들을 찾으려 했고 관대함과 인간적인 것을 발견하고자 원했다. 쿠바가 주장하는 정의에 비이성적이며, 서인도 제도의 문제를 바라보는 스페인 정부의 몰이해와 완고함이 여전하다는 것을 확인하는 데에는 그다지 시간이 오래 걸리지 않았다.

아바나에 있는 친구 비욘디의 전갈이 마드리드의 한 변호사에게 도착했다. 그것은 해결하기 어려운 소송의 문제였다. 그래서 그 변호사는 마르티에게 저명한 정치인이자 연사인 끄리스띠노 마르또스와의 면담을 주선해주었다. 마르티는 끄리스띠노 마르또스를 방문했다. 아바나의 사람들이 관심을 가지고 있는 유언 집행 소송의 문제에 대해 그에게 말했다. 그리고 거기서 쿠바의 실제 상황에 대해 설명하기 위한 기회를 잡았다. 두 시간 동안

이어진 면담에서 마르티는 열변을 토해냈다. 마치 쿠바가 직접 말을 하는 것 같았다. 위선적이고 기만적인 산혼 협정에 조롱당하는 식민지, 가슴 속에서 승리를 거둔 혁명, 처벌 받은 사람들, 죄수들, 추방된 사람들, 잔혹한 압제… 끄리스띠노 마르또스는 경청했다. 열정적이고 달변인 이 쿠바인의 재능과 진정성에 완전히 감명 받았다. 더 듣기를 원했고, 더 알기를 원했다. 마르티는 설명하고, 논리로 호소하며 혁명의 부활을 단언했다.

다음날 엄숙한 의회 회의에서 끄리스띠노 마르또스는 일어나 비범하고 감격어린 어조로 말했다. 불행한 쿠바의 현실에 동정을 호소했다. "갑작스럽게 얻은 평화였습니다. 그 나라에 평화는 없습니다. 증오와 두려움으로 통치되고 있습니다."[42] 모두가 얼어붙은듯한 회의장 분위기 위로 쿠바의 현실에 관한 말들이 천둥처럼 뒤흔들었다. 그것들은 마르티의 생각이었고 문장이었다. 전날 방문해서 들었던 추방당한 사람의 연설이었다.

마르티는 친구 비욘디에게 편지를 썼다. 그 편지에서 그를 불안하게 하는 것들을 적었다. 정치가들이 보고 있는 쿠바의 운명과 함께, 관심있는 척하는 시늉과 용서받을 수 없는 무지에 대한 분노는 그들의 분열이 주는 끊임없는 고통과 하나 되었다. 한 달 간의 부재는 어두운 기운이 엄습하는 기억의 시간이었다.

비욘디! 위대한 과업과 함께 하는 것보다 달콤한 기쁨은 없고, 사람

42) "끄리스띠노 마르또스", en OCEC, t4 p430.

들로부터 가까이 있지 못하거나, 멀리 있는 것보다 더 큰 고통은 없다네. 그것들 안에는 경이로움을 전해주는 모든 사랑의 열기들이 있다네. 헛되이도 영혼은 그들 안에서 주어진 것들을 찾는다네. 그들을 잃어버리는 것은 그들을 더 사랑하기 위해 필요한 것이라네. 우리의 여인과 우리의 아이로부터 떨어져 있을 땐, 아름다운 여인도 이쁜 아이도 없는거라네.[43]

두번째 추방, 마드리드에서.

기대한 소식들은 없었고 마르티는 낙담했다. "내게 위안이 되는 영혼들도 없이 나는 지친 몸을 침대에 누이고- 마음이 아프고 혼란스럽네. 도피의 삶에서는 몸을 편히 누일 장소도 갖지 못하고, 이마에 입 맞춰 줄 아이도 곁에 없네."[44] "기다림과 그리움 속에 나날들을 보냈네. 그리고 나를 진정시키려고 하지 않는 초조함이 나를 먹어치우니... 아! 임무여 ! 무기력함이여!"[45]

강박 관념에서 벗어나기 위해서 박물관을 방문하고, 글을 쓰고, 오페라를 보러 가고 공부를 하면서 지냈다.

---

43) OCEC, t6 p123.
44) Carta a Miguel Viondi, en OC, t20, p274
45) Idem p272.

기다리던 아내의 편지가 마침내 도착했다. 그녀의 글 속에는 애정의 깊은 상처와 같은 그녀의 길고 긴 불평과 몰이해를 쏟아내는 말들이 있었다.

"이 편지가 내게 불러일으키는 고통은 백 개의 비수가 심장에 꽂힌 것보다 더 크다."[46)]

아! 헌신적인 그의 삶을 공감하지도 이해하지도 못했다. 조국을 위해 완수해야 할 과제를 가족에 대한 사랑과 편안함을 위하여 포기할 수는 없다는 걸 이해하지 못했다.

마드리드에서의 상황은 그를 염증나게 했고, 천박한 정치는 그를 격분케 했으며, 마음 속의 고통이 그를 괴롭혔다. 그를 소모하게 만드는 추방에서부터 자유로워져야 했다. 조국에 가까이, 그리고 조국을 구원한 혁명의 진군을 위하여 흩어져 있는 세력들을 모아서…

파리를 잠시 경유해서 뉴욕에 도착한 때는 1880년 1월 3일이었다.

46) "Cuaderno de apuntes No.8", en OC t21, p124.

10장 · 뉴욕에서

1880년 1월에서 1881년 1월까지

뉴욕은 그 당시에 이미 활기차고 역동적인 도시였다. 거리의 사람들은 짐들을 가득 채우고 오고 갔다. 만들고, 팔고, 사고, 일하고, 흥정하며 새롭고 풍요로운 도시의 영혼을 만들어 나갔다. 마르티는 섭섭해하는 아내와 아들이 부재하는 고통, 고난받는 조국의 괴로움, 병든 아버지의 기억을 안고 소란스럽고 분주한 대도시에 도착했다. "아, 불쌍한 아버지- 그리고 더 불쌍한 나!"[47)]

어떤 고귀한 동기도 없이, 영혼에 대한 갈망도 없이 부의 성취를 쫓아 움직이는 사람들 속에서 허겁지겁 쫓겨사는 대도시에서 어디로 갈 것인가? 이 낯선 세계에서 환대해 줄 거처는 어디에 있는 걸까?

한 노동자 가족의 집에서 마르티를 진심으로 환대해주었다.

47) Carta a Miguel Viondi, en OC, t20, p282

그곳은 아프리카에 있는 스페인 정치범 수용 감옥에서 탈출한 양심수 동지이자 오랜 친구인 미겔 페르난데스 레데스마의 집이었다. 이 따뜻한 쿠바인 가족들과 함께 잠시 머물기로 했다.

답답하고 정신없는 그 세계에서 아직 어떻게 살 수 있을지 몰랐다. 그러나 그는 자신의 에너지가 그에게 소박한 공간을 열어줄 것이라는 확신을 가지고 있었다. 그는 카르멘과 아들에게 즉시 오도록 청했고 그들이 필요했다. 마음의 안정 없이 일을 잘 할 수 없었다.

그는 어떤 직업이라도 찾기 위해 준비해야만 했다. 아름답고 다루기 어려운 영어를 정복하기 위해 계속 공부했다. 열 세 살 때 이미 위대한 영미시를 번역하려는 시도를 해 본 적이 있었다. 그러나 이제는 앞으로 살게 될 나라의 언어를 완전히 이해하고 잘 사용해야 할 것이다.

그를 분주하게 만든 열정은 따로 있었다. 이 최근 몇 일 동안 개인적인 상황 때문에 그를 움직이게 만든 다른 큰 염려와 걱정 우환이 있었다. 그가 묵고 있는 그 집에는 다른 쿠바 가족들도 살고 있었는데, 거기 갈리스토 가르시아 장군이 있었다. 그는 산혼 조약 후에 스페인 감옥에서 나온 반란군 지도자였다.

조국의 자유를 쟁취하려는 열정으로 마르티와 장군은 의기투합했다. 뉴욕의 쿠바혁명위원회에서 토론하고 제안하고 쿠바에 갈리스토 가르시아가 지휘하는 원정대를 보낼 계획을 세우고 결정했다. 계획을 실행하기 위하여 망명 온 쿠바인들의 마음을 움직이고 고무시키는 일이 필요했고 뉴욕에 도착한 지 20일 된 마르티는 스텍홀에서 열린 회의에서 그 연설을 했다.

망명자들 몇몇은 혁명적인 열정의 떠도는 뉴스 이상으로 마르티를 알고 있었고 그들은 호소력 없는 단어들의 불꽃인 비현실적인 반란의 계획들을 선언하려고 하는 연설자들 앞에서 기운빠져하던 사람들이 한 둘이 아니었다.

그러나 이 청년의 수준 높고 진지한 연설은 달랐고 탁월한 설득력이 있었다. 그는 헛된 노력과 실패의 원인을 분석했다. 혁명의 성공을 위해 필요한 조건들을 제시하고 투쟁을 계속 힘차게 이끌어가야 할 이유를 정확히 짚어내며 기운을 북돋게 했다.

맹목적인 분노에 의해 인도되는 것이 아니라, 사려깊게 이끌어가는 투쟁을 요청하는 인간의 목적, 정치적 조건 그리고 역사적 운명을 그는 예견하며 입증했다.

그의 강인하고 차원 높은 연설은 사람들에게 용기를 불러 일으켰고, 의지를 다지게 했다. 그 결과 마르티는 새로운 투쟁의 지도자와 뉴욕의 쿠바혁명위원회 위원장이 되었다. 스텍 홀에서 강연하기 며칠 전에 마르티는 잡지 <시간>[48]에 예술 비평을 영어로 써달라는 놀라운 의뢰를 받았다. 모국어가 아닌 언어로 유명한 작품들과 작가들에 관하여 찬탄할만한 기사들을 썼다. 얼마 후에는 일간지 <태양>[49]에서 역시 기사를 그에게 요청하였다. 이 모든 논설들은 오늘날 다 번역되어 있다.

---

48) The Hour
49) The Sun

1880년 마르티와 그의 아들.

마르티는 그가 처음 뉴욕에 도착했을 때 잠시 머물렀던 친구 집에 성가시거나 폐를 끼치지는 존재가 되지 않기 위해 새로운 곳을 찾으려고 했다. 소박하고 애정어린 분위기 속에서 지내며 이내 머물 집을 찾았다. 쿠바인 마누엘 만띠야와 그 아내 카르멘 미야레스 소유인 민박 집에서 그는 안정되고 편안한 방을 찾았다. 마침내 그동안 기다려왔던 아내와 아들이 도착했다. 모두가 만족하진 않았다. 시간은 불안을 가져왔고 또다른 불운한 사건들이 일어났다.

혁명적인 선전은 결실을 가져와서 5월 초에 갈리스토 가르시아 장군은 아직 혁명의 여건이 성숙하지 않은 쿠바의 여러 장소에서 봉기를 진전시키고 생기를 불어 넣기 위해 그곳으로 갔다. 모두들 기대했다. 그러나 환희와 희망은 급속히 식어버렸다. 병들고 나약한 갈릭스토 가르시아는 항복을 하고 말았다.

마르티는 작은 전쟁의 슬픈 결과를 차분하게 받아들였다. 그 자신은 승리를 확신할 수 있는 잘 준비된 다른 조건들이 갖춰질 때까지 행동을 보류할 것을 제안했던 것이다. "매 순간 필요한 것들은 그 즉시 준비되어야 합니다" "치밀한 계획과 충분히 준비되지 않은 환경에서 행동을 개시한다면 성공적인 혁명은 불가능 합니다"

암담한 시기였다. 역경과 괴로움의 몇 주, 몇 달이 지나갔다. 고향에서 반역의 불씨를 되살리려는 시도는 실패했다. 아내와 아들에 대한 사랑의 즐거움은 슬픔과 불안으로 갈팡질팡했다. 그는 아내와 다르게 생각했다. 아내는 마르티가 아들의 행복과 자신의 가정에 대한 관심으로 헌신하며 조용히 살기를 원했다. 그녀는 식민지 쿠바로 갈 것과 거기서 안정된 미래를 가꾸기를 제안했다. 조국을 구해야 한다는 것, 인류에 봉사하려는 환상이라는 꿈은 방랑과 불운의 갈증과도 같다는 그녀의 생각은 그래도 해야 한다는 마르티의 삶을 이해할 수 없었다. 그녀는 그렇게 느꼈고, 그는 매번 희생의 책무와 조국을 구해야 한다는 임무에 더 확고한 의지를 느꼈다. 불가능한 행복으로 두 고통이 더 무거웠고, 빈곤이 더 깊게 만드는 불화에 의해 상처를 입은 부부의 관계는 더 힘들어져 갔다.

겨울이 왔고, 아내의 불만과 전쟁의 실패로 마르티는 더욱 의기소침해져갔다. 봉기를 위한 모금은 중단되었다. 정말 글쓰는 직업만이 오직 생계를 꾸려나가는 수단이 되었다. 아내는 좋은 시절이 올 때까지 아들과 함께 쿠바로 돌아가있기로 결정하였다. 낙담과 변명의 나날이었다.

그러나 봄은 새로운 활력과 강인한 열망과 함께 마음을 치유했다. 뉴욕의 비참한 환경을 떠날 예정이었다. 아내가 기대하는 만족을 획득할 수 있는 곳, 아메리카 민중들의 공통의 발전과 다양한 채널을 열어주기 위하여 조국의 독립을 위한 위대한 행군을 시작할 수 있는 곳으로 갈 것이다. 정신은 갖추어졌고 무기도 준비되었다. 결단은 확고했다. 목표는 아메리카의 자유의 요람인 볼리바르의 조국이었다.

11장 • 베네수엘라에서

1881년 1월에서 1881년 7월까지

뉴욕에서 베네수엘라까지 12일 간의 긴 여행에 대해서 마르티는 쓰고 있던 항해 일지에 기록을 남겨두었다. 그리고 다음해, 자신의 잡지 <황금시대>에 카라카스에 도착한 모습을 이렇게 기록하고 있다.

어느 하루, 해질 무렵, 카라카스에 도착한, 길의 먼지를 털지도 않고 어디서 먹고 어디서 자야 할 지 장소를 정하지도 않고 볼리바르의 동상이 있는 곳이 어디인지를 묻는 한 여행자를 상상해보라. 큰 나무들만이 있는 향기로운 광장에서 아들이 가까이 왔을 때 아버지가 움직이는 것처럼 보이는 볼리바르의 동상 앞에서 울고 있는 그 여행자를 떠올려보라.

도착한 사람은 라틴아메리카의 위대한 이상의 아들이었다. 대륙의 모든 형제 민족들을 하나로 만들 아들이었고 자유에 대한

남미의 해방자, 베네수엘라의
시몬느 볼리바르.

의지가 강한 몽상가였다.

마르티는 이 나라의 영웅적인 역사를 통해, 그 나라의 고귀한 이상을 향해 광대한 자연을 향해 순수한 열정과 진정성을 가지고 카라카스의 삶 속으로 들어갔다. 그리고 "자신의 마을과 원주민의 땅"을 찾아갈 것 같은 사람처럼 그는 거기에 머물렀다.

자신의 노동과 자신의 열정으로 그들을 돕는 것, 사람들에게 봉사하려는 의욕, 사랑으로 마음을 단단히 먹었다. 국가의 열악한 정책에 비해서 그는 우리 아메리카의 모든 민중들의 미래와 자유가 내포되어 있는 높은 이상을 공표하고 언급하였다. 수 세기 동안 투철한 사도정신으로 의무와 미덕에 댓가없이 모범적으로 헌신하려 하는 사람은 환대받을 목적으로 오지는 않을 것이다.

언제나 그의 곁에는 작가들과 예술가들 그리고 학구적이며 피끓는 청년들이 금세 모였다. 이미 그는 애국적인 헌신과 자신의 재능으로 알려져 있었다. 도착한 지 얼마 되지 않아, 그는 무역클럽의 예술 파티에 초대되었다. 자리들은 가득 찼다. 마르티의 연설은 볼리바르의 영광을 감동적으로 환기시켰고, 아메리카 사람의 미래와 소통을 끌어내기 위해 수행해야 하는 역할의 비전을 제시했다. 아름다운 언어들의 웅변은 예언자의 빛으로 보였다.

이후 경이로운 건 더 재능이 뛰어난 사람들과의 교제였다. 이는 대학생들에게 웅변을 하기 위하여 그가 찾아 간 두 학교에서 문학과 프랑스어 교수직을 제의하였고 <라 오피니언 나쇼날>[50] 신문의 칼럼난을 그에게 맡겼다. 이 신문에 글을 쓰면서 그는 자신의 잡지인 <레비스타 베네수엘라>[51]를 기획하고 발간하였다.

베네수엘라의 젊고 뛰어난 사람들의 마르티를 향한 호감으로 그의 명성은 점점 더 커져갔다. <라 오피니언 나쇼날>과 <레비스타 베네수엘라>에 실린 그의 기사들은 숭고한 이상과 관대한 목적으로 된 장엄한 섬광이었다. 이 모든 명성은 안토니오 구스만 블랑코 공화국 대통령의 천박한 정치적 이해관계에 반동적인 사람들의 이기적인 마음 속에 증오와 질시를 싹트게 만들었다. 민주당 정치가인 구스만 블랑코는 독재자처럼 베네수엘라를 지배하고 있었다. 그는 자만심과 거만한 태도를 보이는 사람이었다. 권력과 명예에 대한 그의 열망은 정부에 대한 그의 업적을 흐리게 하고 그에게 적을 생기게 하였다. 가장 비중있는 비평가 중의 한 사람은 선량하고 박식하고 저항적인 세실리오 아코스타였다.

마르티는 존경하고 친애하는 노인 세실리오 아코스타를 자주 방문했다. 그리던 어느날 세실리오가 세상을 떠났다. 마르티는

50) La opinion Nacional
51) Revista Venezolana

<레비스타 베네수엘라>에 이 위대한 사람의 높은 덕행을 칭송하며 스승다운 면모에 대해 찬사를 보냈다.

오! 북쪽에 정의와 진실을 가져가는 중인, 고결한 마르티, 용감한 마르티는 모두에게 정당하고 솔직해야 하는 모든 것에 위험을 무릅썼으니!

이 고결한 글쓰기는 쿠바 망명자를 위험한 반역자로 보고 있는 독재자를 분노로 가득하게 만들었다. 그는 즉시 마르티에게 그 나라를 떠날 것을 강요했다. <라 오피니언 나쇼날>의 편집장인 친구 알드레이에게 작별의 편지 한 장 겨우 쓸 시간 밖에는 없었다. 편지에서 마르티는 그에게 이렇게 말하고 있다.

내일 나는 베네수엘라를 떠나게 되네. 뉴욕으로 갈 생각이네. (...) 이상을 높은 곳에 두었을 때, 가시덤불도 자갈돌도 그 길에서 여행자를 방해할 수 없다네. 성실한 정신 안에서 에너지가 있는 이상과 열렬한 헌신은 삶의 장애물 때문에 줄어들지 않는다네. 나는 아메리카의 아들이네. 조국에게 나는 빚지고 있네. 그리고 조국의 독립에 나를 바치고자 하네. 조국은 요람이니 달콤한 입술을 위한 쓴 잔은 없으며 남자다운 가슴 안에서 독사는 물지 않으며 충실한 아들들은 자신의 요람을 거부하지 않을 것이지. 베네수엘라를 위해 헌신할 수 있도록 해주게. 베네수엘라는 '나' 라는 아들을 얻게 될 것이니.

7월 28일. 카라카스에서 머문 지 반 년이 된 마르티는 볼리바르의 나라로부터 멀어졌다. 가슴 안에 조국의 미래를 향한 고통과 희망을 품은 채 말이다. "존엄성과 빛의 선전"은 지속적인 순례를 위하여 그를 다시 추방했다. 그의 나이 28살이었다.

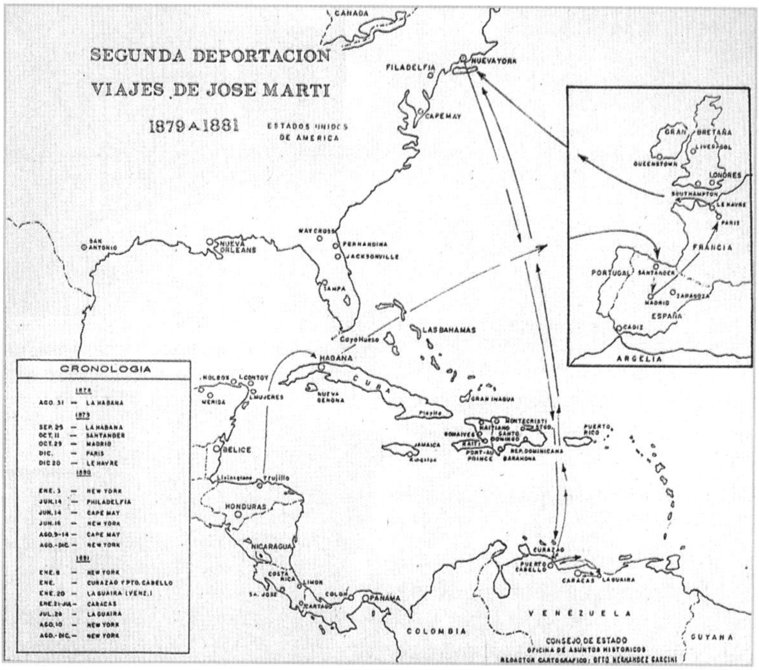

1879~1881년 동안 마르티의 여행경로.

제3부

12장 · 다시 뉴욕에서

1881년 8월에서 1882년 7월까지

카라카스에서 돌아 온 그를 뉴욕에서 다시 보게 된 쿠바인들은 실패한 사람을 동정하는 것처럼 그를 애처롭게 바라보았다. 혁명적인 노력이 좌절된 끝에 쿠바의 독립을 위하여 그가 밝혔던 희망찬 포부는 이민자들 사이에서 많이 추락했다.

물질적인 부와 개인적인 욕망을 뒤쫓으며 사람들이 아등바등거리며 사는 각박한 삶의 거대한 도시에서 마르티는 다시 맥이 풀리고 우울한 상태가 되었다. 그는 마음 속에 자리 잡은 나라에 희망을 걸었다. 그러나 그것을 잃어버렸다. 그리고 그를 둘러 싼 현실은 차가운 경멸이었고, 사랑하는 어머니와 아내로부터 온 편지 속에는 비난의 내용들이 그에게 상처를 주고 마음을 괴롭혔다.

어머니, 레오노르 부인은 마르티에게 삶을 바꾸도록 이기적인 사랑의 충고로 호소했다. 그건 어린 시절부터 그녀가 말한 것을 떠오르게 했다. "구속자로 헌신하려는 모든 사람은 십자가에 못 박히게 되지" 당시 살기 위하여 갔던 곳인, 까마구에이에서부터 아내는 아버지의 역할을 못하고 있는 마르티를 질책했다. "너무 큰 차이가 있는 길에서 이해 할 수 없는 광적인 신념이 당신을 충동하는 한 (...) 어떤 불행을 가져 올 것"이라며 그의 곁으로 오지 않을 것이라고 결심하는 내용이었다. "그의 아내와 아들을 돌보아야 하는 너무나 절실한 필요 앞에서 노예의 땅으로 돌아오는 사람의 명예를 누구도 비난 할 수는 없습니다."

고통은 오랫동안 선한 인간 안에 있는 영웅적인 기운을 쓰러뜨렸다. 그러나 이상을 포기하거나 관대하고 순수한 심장을 지향하는 움직임까지 막는 불행은 없었다. "나는 내 조국을 너무나도 사랑합니다. 내가 가진 것이 있다면 조국을 위해서 다 바칠 것입니다. 무엇이든지 시도할 것입니다. (...) - 그는 아내에게 편지를 썼다 - 내 머리를 쉴 수 있다고 믿었던 영원한 베개를 잃어버린 것같은 고통 위에 내가 돌아갈 수 없는 조국을 지나치게 사랑하는 아픔을 나는 가지고 있구려."

아! 그러나 사랑하는 귀여운 아들, 그 없이는 고뇌를 가라앉힐 수도 없고, 어떤 기쁨도 없었다. 그 어두운 날들 속에서 그를 구제한 것은 다시 과업이었다. 그는 이미 그것을 말했다. "포도주는 모든 것을 취하게 하고, 과도한 일은 나를 취하게 한다." 그 몇 날, 몇 달, 몇 년을 취하기 위하여 놀랄 정도로 의욕적으로 일했다.

뉴욕에 도착한 지 얼마 지나지 않아 친구 알드레이가 있는 <라 오피니언 나쇼날> 신문에 익명으로 서명한, 다시 말해, 자신의 이름을 숨긴 긴 기사들을 보내기 시작했다. 'M. de Z' 이런 식으로 말이다. 편지 형식으로 미국이나 다른 나라에서 일어난 것들을 알려주는 시평들이었다. 신문사 편집장이 써달라고 그에게 요청한 것은 문학이나 미술 등의 주제가 아니라 사건들과 사람들, 미국과 세계에서 매일 일어난 것들의 구체적인 뉴스였다.

어떤 기자라도 가장 눈에 띄는 것들을 지적했을 것이다. 그리고 그것을 전달하기 위해 그것에 관해 냉정하고 현실적인 시평을 썼다. 그러나 마르티는 자신이 쓴 글에 보기 드문 독창성과 독자들을 매료시키는 솜씨를 보였다. 독자들은 <라 오피니언 나쇼날>에서 가르피엘드 대통령에 대한 공격, 에머슨의 죽음에 대해 봉헌한 글, 부활절에 관한 아름다움과 온화함, 맑스, 롱펠로우, 다윈 등의 위대한 죽음에 관해 쓴 그의 통신문들을 읽어야 했다. 작가의 강력한 재능, 언어의 진귀한 영역을, 담대하고 박식하고 세련된 문장들에서 나오는 정확한 단어의 놀라운 미덕 그리고 예리하고 빛나는 문체의 생기를 느낄 수 있었다.

베네수엘라인들은 글 쓴 사람이 누구인지 알고 싶은 호기심과 흥미로움으로 'M. de Z'의 감탄스러운 시평들을 열광하며 읽었다. 베네수엘라에서 살 수가 없었던, 몇 달 전에 거기서 쫓겨났던 이름임이 나중에 밝혀질 때까지 말이다.

뉴욕 생활의 최초 몇 달 동안 마르티는 신문기자 일을 했다. 전에 살았던 곳과 같은 펜션의 작은 방에 칩거하면서 하루 종일 글을 썼다. 가끔씩 다른 일거리를 찾으러 나갔다. 왜냐하면 자신의 삶의 목표였던 주어진 임무를 다하기 위하여 그는 안정된 생계 수단을 마련해야 했기 때문이다.

사람들은 약간 구부정한 중간 키에 검은 옷을 입고 온화한 얼굴을 한 높은 이마와 짙은 콧수염과 깊이 응시하는 듯한 눈을 가진 그 호기심 많은 남자가 팔짱 아래 책과 원고를 끼고 서둘러 집을 나서는 것을 보았다.

마르티는 <아플레톤> 출판사에서 번역하는 일거리를 맡았다. 다양한 스페인어 도서를 번역했다. 그리고 상업용 주택에서 사무 업무 외에도 다른 곳에서는 장부를 기록하는 일을 찾았다. 하루의 모든 시간을 갉아 먹는 '빵을 벌기 위한' 고된 긴 노동과 함께 여러 가지 신문들에 게재할 긴 시평들을 쓰면서도 자신과의 약속을 지키는 것을 그만 두지 않았다. 언제 그것을 했을까? 어떤 순간에 쉬고, 언제 잠을 잤을까?

업무의 긴 시간들은 집의 평온으로 돌아가는 것을 깜빡 잊어버리게 했다. 거기서 영혼은 그 사생활과 꿈들을 되찾았다. 가슴 밑바닥으로부터 위로와 기쁨의 시편들로 매일 매일 조국에 남아 있는 사랑하는 아이의 기억들에서 아들의 환영이 떠올랐다. 비록 멀리 있다 할지라도 늘 함께, 자신의 아들을 위한 축제로 사랑의 책을 만들기 위해 그 시편들을 정리하는 것은 환희에 넘치는 작업이었다.

『어린 이스마엘』이라는 뛰어난 책이 출간 되었다. 아버지는 아들을 온화함으로 돌보았다. 다정함으로부터 기민하고 작고 유쾌하고 중대한 시편들이 만들어졌다. 또한 아름다운 아이같은 매력적인 총애로부터 깨끗한 빛을 가진 보석의 순수로부터

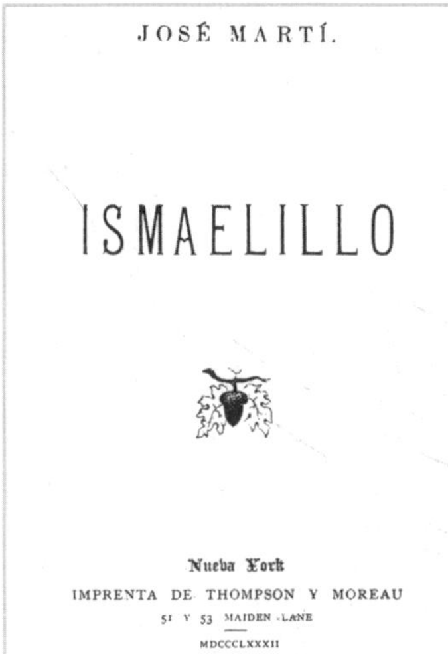

JOSÉ MARTÍ.

ISMAELILLO

Nueva York

IMPRENTA DE THOMPSON Y MOREAU

51 Y 53 MAIDEN LANE

MDCCCLXXXII

첫 시집 이스마엘리요.

마르티와 이스마엘이라 부른 그의 아들.

달콤한 향수로부터 만들어졌다. 이 언어들은 아들을 위한 헌사로 축원하고 있다. "모든 놀라움인 네게로 피난하나니 // 이 개울들은 내 심장을 지나갔다. 네게 닿기를 기원하나니!"

이 책은 판매용이 아니었다. "왜냐하면-그는 이렇게 썼다- 방랑하는 꽃에서 향기를 제거하게 될 것처럼 보였기 때문이다". "그것으로부터 이익을 얻기 위해서가 아니라 내가 사랑하는 사람들에게 나의 전부인 내 아들의 이름으로 그것들을 선물하기 위하여" 시집을 펴냈다.

신문에 시평을 쓰는 일, 사무실에서 하는 일들에 시간들을 다 바쳤으며, 그 절실한 정직한 노동은 더욱 더 고상한 일을 하게 그를 내버려두지 않는 체벌처럼 그를 힘들게 했다. 상처 입은 날개처럼 영혼은 깊이 가라앉았고 괴로워하며 반항하였다.

그러한 비탄과 불안의 그림자에서 맹렬하고 분노한 강같은 시편들이 태어났다. 뉴욕의 그늘진 시간들에서 나온, 저 자유로운 시편들은 불의 펜으로 조각한 것처럼, 아니면 격렬한 광채의 칼로 새긴 것 같은 작품으로 남아 있었다.

마르티는 자신의 『자유로운 시』를 출판하지 않았다. 자신의 비애에서 위로처럼 깊은 열정에서 태어난 그 시편들은 그의 죽음 후에- 자신의 삶의 불꽃들-로 출판되었다. 그리고 그것들은 진정으로 따뜻하고 진실하며 친밀한 시로, 순수한 섬광의 운문으로 된 기념비와 보물로 남아 있다.

시간과 힘이 바닥나버린 나날의 저 모든 정신 노동 사이에서, 아직도 아메리카의 인디오 역사에 관한, 아메리카의 신화들에 관한 고유한 기억에 대한, 인생관에 관한 책들의 기획을 갈망하며 마르티는 집중했다. 아, 그러나 역시 가장 큰 문제가 있었다. 계속 신문의 기사를 써야 했고, 책을 번역해야 했고, 사무실 업무로 녹초가 되어야 했다.

뛰어난 보도기자로 마르티의 명성은 퍼져나갔고, 여러 나라의 신문에서 뉴욕에 있는 특파원으로 그를 원했다. 그래서 마르티는 카라카스, 부에노스 아이레스, 보고타, 멕시코, 몬데비데오 등의 일간지에 글을 썼다. 1882년 7월에는 부에노스 아이레스에 있는 유명한 일간 <라 나씨온>에 자신의 통신문을 보내기 시작했다. 아르헨티나의 수도에서 그 시평들은 특별한 관심과 함께, 기다려졌고 읽혀졌다. 그리고 다른 여러 나라들에서 역시 재생산되고 읽혀졌다. 미국의 발전과 부는 라틴아메리카 민족들의 열렬한 경탄을 이끌어 냈다. 그러나 마르티에게는 라틴 아메리카 국가들에서 실행하고 있는 미국의 야망과 힘의 이해관계를 눈치채지 못한 것에 불과했다.

9년 동안 <라 나씨온>에 보내고 있었던 그의 시평들 중 일부는 보기 드물게 놀라운 걸작들이었다. 그의 작가적 명성은 아메리카 전역으로 퍼져 나갔다. 아르헨티나의 위인인 도밍고 파우스티노 싸르미엔토는 마르티를 “스페인어 문학에 있어서 우리들의 대표자”라고 말했다. 그리고 그는 유럽에서, 번개같은 섬광과 함께 충만한 정신을 가진 남미의 웅변력을 알 수 있도록 호세 마르티의 기사가 번역되기를 요청했다.

13장 · 불화와 낙담의 나날

1882년 7월에서 1884년 말까지

뉴욕에서의 일상은 더 평온한 길로 들어서고 있었다. 이미 <라 나씨온>에 그의 시평 작업이 고정적으로 연재되고 있었고, <아플레톤> 출판사에서 번역해야 할 책의 주문이 있었다. 이제 그의 아내는 망설임을 접고 아들을 데리고 그의 곁으로 오려고 결정했다. 마침내,- <라 나씨온>의 편집장인 바르톨로메 미트레에게 보내는 어떤 편지 안에서 그것을 말하고 있다.- "아내와 아들을 못 본 지 2년이 지나서야, 요즘 같은 날이 왔다. 혹독한 12월 중순에 최근에 마련한 나의 작은 집이 나를 기쁘게 한다." 그들을 맞이하기 위하여 브룩클린에 새로 전세 아파트를 장만하는 데에 신경을 썼다. 아직도 젊은 마르티는 -30살이었다- 아내와, 그리고 벌써 4살이 된, '어린 이스마엘'을 그의 곁에 두는 행복을 그리며 즐거워했다. 영혼은 확신을 되찾았다. 가족들과 함께 살 수 있게, 돈을 보낼 수 있게 도와주는, 그리고 자신의 가정을 지탱하게 해 주고 있는 작업 안에서 충족감이 생겼다.

엄청나게 일을 했고, 몇 개의 신문에 글을 썼고 그 외에도 뉴욕에서 나오는 <라 아메리카> 잡지의 국장과 편집자에 임명되었다. 거기에서도 역시 긴 기사들을 썼다.

그러나 행복하고 평온한 가족들과의 삶에 대한 꿈은 단지 환상일 뿐이었다. 부부 사이의 불화는 다시 시작되었다. 카르멘은 그들을 너무 고통스럽게 만들었던 정치적 혁명의 세계에 흔들리는 남편의 타오르는 열정을 불안하게 바라보았다. 사랑하는 조국을 향한 열정적인 관심은 행복한 가정의 꿈을 놓치게 만들었고 방해했다.

마르티는 늙고 병든 자신의 아버지를 한 계절 뉴욕에서 그와 함께 살게 하기 위하여 모셔왔다. 선량한 마리아노 씨는 아들에 대해 자긍심을 느끼고 있었다. 아마도 그는 자신의 재능으로 획득한 행복을 더 확고하게 할 용의가 있는 아들을 보기를 원했을 것이다. 그러나 역시 언제나 그랬듯이 조국에 대한 이상을 향해 희생의 길을 계속 가고 있는 아들을 확인해야만 했다. 이민자들과의 회의에서 맡은 일로 집으로 늦게 돌아왔고 , 쿠바의 독립에 대해 , 혁명 동지들의 방문을 받는 날이 많았다.

그랬다. 마르티는 몇 달 전에 십년전쟁의 다른 동지들과 함께 온두라스에 살고 있는 막시모 고메스 장군과 안토니오 마세오 장군에게 편지를 썼다. 쿠바의 바깥에서처럼 쿠바의 내부에서도 그렇게 '전광석화'와 같은 전쟁을 준비하고 있는, 새로운 단

---

52) La America

계의 투쟁을 준비하기 위하여 그들을 초청했다.

마르티가 받은 대답은 미적지근했다. 고메스는 그에게 신중함과 현명함으로 행동하라고 조언했다. 모든 것을 차분하게 준비하고, 조건들이 더 유리하게 될 때까지 기다리라는 것이었다.

낙담은 마르티를 좌절하게 만들지 않았다. 시간이 다가오고 있는 동안, 이상을 굳게 하고 의지를 모우며 준비하는 것이 그의 임무였다. <라 나씨온> 과 <라 아메리카>에 쿠바가 자유를 획득하고자 할 때 서로 힘을 모아야 하는 사람들에게 아메리카 민족들의 보다 유용한 일과 책무를 보여 줄 만한 사람들에 대한 기사를 썼다. 대화를 통해 쿠바인들의 화합과 행동과 강연으로 열정과 희망을 일으켰다. 그에게 모든 것은 지도자로서의 확신과 감탄이었다.

마르티는 글쓰는 작업이 끝나자마자 쿠바의 독립을 위한 용무를 보기 위해 집을 나갔다. 그리고 돌아왔을 때 걱정스러운 마음은 그에게 무관심과 아쉬움을 남겼다. 가정은 다시 삐걱거렸다. 아버지는 아들의 불안한 삶을 고통스러워했다. 카르멘은 조국을 향한 사랑으로 '이해할 수 없는 광신'에 사로잡힌 남편의 행동을 참을 수가 없었다. 아버지 마리아노가 먼저 뉴욕을 떠나 쿠바로 가고, 얼마 후 카르멘 역시 아들을 데리고 돌아가버렸다.

나무 뿌리처럼 쿠바에 대한 굳건한 사랑은 어려움 속에서도 마르티의 영혼을 단련시켰고 유지시켰다. 그 뿌리는 깊고 튼튼했다.

마침내 2년의 망설임 끝에 막시모 고메스와 마세오 장군이 뉴욕에 도착했다. 준비된 원정대를 쿠바에 보내기 위하여 조직적인 행동의 환경을 핵심지도부와 의논하려고 했다. 충실한 베테랑 플로로 크롬베트 장군이 회담 준비에 중재자로 그들과 함께 동행했다.

1884년 10월에 마르티는 막시모 고메스와 마세오를 호텔 방에서 만났다. 이때가 그 세 사람이 만난 첫 모임이었다. 1868년 전쟁을 주도한 우두머리 두 장군과 쿠바구호협회의 회장이자 민간인인 마르티의 만남이었다. 막시모 고메스는 마르고 단단한 체구였으며 예리한 얼굴에 염소수염같은 콧수염을 기르고 있었다. 마세오는 강인하고 구리빛 이마와 느린 말투의 조용한 몸짓을 지닌 사람이었다.

혁명의 열정을 공감하는 이 세 남자의 토의는 진심어린 분위

막시모 고메스 장군.

안토니오 마세오 장군.

기로 시작되었다. 막시모 고메스가 그들은 민간인의 개입 없이, 조직과 혁명을 군인들의 손에만 맡길 것을 주장했다. 마르티는 동의하지 않았다. 일사불란한 군대의 규율이 필요하다는 건 부인하지 않았지만 충분한 합의와 토의 없이 일방적인 결정은 아메리카에서 불행한 독재 정치의 씨앗을 잉태하는 위험이 있기 때문이었다.

고메스의 그런 위압적이고 완고한 태도는 마르티에게 경계심을 갖게 만들고 아연실색케 했다. 더 이상의 협상 없이 마세오와 함께 쿠바 이민자들의 핵심 인사들 사이에서 원조할 정치적인 기구를 만들기 위하여 위원회 멤버들을 파리와 멕시코, 산토 도밍고, 까요 우에소, 자메이카에 보내기로 결정했다. 일단 충분한 준비를 하고 나서 그는 자신의 측근들과 함께 산토 도밍고로 원정갈 것이다.

혁명의 공통 목적을 위해 비록 마르티가 그 결정들을 수락했음에도 불구하고 그의 행동과 그의 말투에서 그가 취하고 있는 방법과 태도 때문에 속에서 끓어오르는 분명한 저항감을 어렴풋이나마 느낄 수가 있었다. 회의들 중 한 번은 고메스 장군이 마르티에게 멕시코에 가는 임무로 마세오를 동행할 것을 명령했다. 고메스는 권위주의자 였고 마르티가 그가 여행하는 데에 어떤 제안이나 반대 의사를 나타낼 때 짜증을 냈다. 장군은 즉시 방 안에서 나오면서 그를 갑자기 불러 세웠다.

"이보시오 마르티, 당신은 지시에 따라서 행동만 하면 되고 그 외의 일은 마세오 장군이 알아서 할 것입니다."

모욕적인 언사 앞에서는 짐짓 침착하게 행동하면서 마르티는 마세오와 같이 남아 있었다. 고메스가 되돌아 왔을 때 평소처럼 상냥하게 그들과 이별했다.

마세오는 고메스에게 말했다.

"장군, 마르티는 우리를 불편해 하는 것 같네."

이틀 뒤에 마르티는 막시모 고메스에게 그가 보이는 권위주의적인 그 태도와 더불어 자신의 다른 생각과 관점을 전하는 장문의 단호한 편지를 썼다.

"삶이 내게 주고 있는 이상을 향한 맹목적인 사랑이 있으므로, 그런 쓸모없는 것에 나의 결단은 기여하지 않을 것입니다. 지금 견디고 있는 정치적 독재 정권보다 더 수치스럽고 불행한 것인, 개인적 독재 체제를 내 땅으로 가져올 것입니다. (중략) 민족은 군대 캠프처럼 세워지지 않습니다. (중략) 어찌하여 장군은 자신의 마음 안에 있는 이러한 두려움과 의구심으로, 이미 내가 가지고 있는 사람들을 이용하고, 애정으로 나를 끌어당겨, 왜 임무에 착수하지 않습니까? 그렇기 때문에 내 두 어깨에 부과되기 시작하는 행동적인 모든 임무를, 저는 단념합니다."

그 편지는 마르티에게 진정한 호감을 느끼고 있던 막시모 고메스에게 깊은 마음의 상처를 안겼다. 두 사람 사이의 관계는 그것으로 중단되었다. 그가 말한 대로 마르티는 쿠바구호협회의 회장직을 그만 두었고, 혁명활동에서 떠났다.

고메스와 마세오의 계획들은 계속 진행되었다. 그러나 이민자들의 열정은 점점 식어가기 시작했다. 여러 가지 복잡한 난관들이 강력한 봉기를 구성하기 위해 필요한 방도와 의욕의 단합을 방해하고 있었다. 마르티를 단념하게 만든 잘못된 전술로 인해 불가피하게 초래된 대립이 그것을 실패하게 만들었다.

마르티는 쓰디쓴 마음의 상처를 입었다. 게다가 이민자들 사이에서 그의 사임을 비판하는 사람들이 있었고, 또 마치 마르티가 도망하려 한 것처럼 그를 비난했다. “나라 일에서 그 나라가 표명한 것보다 더한 소원은 없으며, 또한 그보다 더 우선해야 할 것은 없습니다. // (...) // 내가 위험에 처했다고 믿었던, 방법과 추세의 본질적인 원칙들을, 비겁하지 않게, 망설임 없이, 누군가가 나타내는 것이 조국의 안녕에 필수적인 것입니다.”라는 마르티의 견해를 일반 사람들은 이해할 수 없었다.

14장 · 은둔과 경계

1885년에서 1889년 7월까지

그는 낙담하고 고독을 느꼈다. 고메스와의 대립과 계획의 실패는 많은 꿈을 좌절시켰다. 환멸을 느꼈고, 놀라지도 않았고, 작은 전쟁의 비극적 결말이 그다지 멀지 않았다. 그리고 지금이 실패한 다른 시도도 취소되었다.

마르티는 나라를 구하려는 혁명을 열정으로 품고, 신뢰를 받을 수 있는 쿠바를 위하여 이상적인 동기를 뿌리내려야 했다. 그 확실한 방법들을 설계하는 집요하고 느린 작업이 아직 필요하다고 깨닫게 되었다. 그는 더 이상 사람을 속이는 전쟁의 환상적 음모, 공허한 자유의 계략도 추구하지 않았다. 단념한 상태로 머무를 참이었다. 그러나 적절한 순간에 필요한 조치를 취하고, 조국에 근거를 두고 기꺼이 봉사할 각오를 가지고 경계했다. "아들의 손으로 자유로워질 조국"[53)]일 수밖에 없었다. "조

53) J.A. Lucena 에게 보낸 편지, en O.C, t.1,p186.

국은 희생을 필요로 합니다. 받침대가 아니라 제단입니다. 조국에 봉사하지만, 조국을 이용하기 위하여 취하는 것이 아닙니다."[54]

이 시기 전부를 그는 혁명적인 기업들의 적극적인 임무와 관심에 몰입했다; 그러나 생존을 위하여, 봉사를 위하여 했던 다른 작업에 대한 약속들도 지켜 나갔다.

그는 피로를 이겨낸 노동자였다. 그가 써낸 글들은 경이로웠다. 대륙 전체에 그의 명성을 확고히 하는 찬탄할 만한 시평을, 부에노스 아이레스(아르헨티나)의 <라 나씨온>에 보내는 일을 계속했다. 역시 히스파노아메리카 국가들의 삶과 진보를 위한 현명한 권고와 이상적인 선견지명을 제시하는 진정성있는 작업들을 <라 아메리카>에 쓰고 있었다.

뉴욕의 한 잡지에 『불길한 우정』을 청탁받고 단 며칠만에 끝냈다. 또 아플레톤 출판사의 의뢰로 『콜드 백』[55]이라는 소설을 번역했는데, 이것은 『미스테리오』[56]라는 제목으로 다른 신문에 공동 기고 되어 보내져서 발표되었다. 멕시코의 <라 빠띠도 리베랄>[57], 온두라스의 <라 레푸블리카>[58], 몬떼비에오의 <라 오피니언 푸블리카>[59] 등이 있다.

---

54) 리카르도 에르난데스 오테로에게 보낸 편지, en OC, t.1, p.196
55) Called Back
56) Misterio
57) La Patido Liberal
58) La Republica
59) La Opinion Publica

1886년도의 마르티.

아! 정말 훌륭한 업적이었다. 그리고 더 많은 것이 요구되었고, 더 많은 것이 기획되었다. 조국의 이상과 열정으로 타오르는 불꽃이 된 이 모든 것은, 그의 삶에서 모든 것을 인도하고, 생기를 돋우는 것이었다.

그 지속적인 작업으로 은둔한지 2년이 지났다. 예기치 않게, 1887년 초반에 가장 깊은 곳에서 마음을 동요시키는 무엇인가가 왔다. 그의 아버지가 2월 2일, 아바나에서 세상을 떠났다. 그리운 아버지에 대한 고통은 깊었다. "나의 아버지가 좀 전에 세상을 떠났네, 그는 함께 한 내 인생의 큰 부분이었네.-그는 페르민 발데스 도밍게스에게 편지를 썼다.-" 나는 그의 소박한 외모 아래서, 그의 영혼의 모든 강직함과 아름다움을 알게 된 후 어떻게 그를 사랑하게 되었는지, 너는 모를 거야."[60]

너무나도 깊은 슬픔은 그의 어머니를 보고싶은 열망으로 타오르게 했다. 레오노르 부인이 이미 지병으로 노령에 너무 먼 여행을 두려워함에도 불구하고, 그는 자신의 곁으로 와 줄 것을 부탁했고, 고집했다. 그래서 그녀는 뉴욕을 향했고, 마르티

60) 페르민 발데스 도밍게스에게 보낸 편지 en OC, t. 1, p.369.

의 곁에 있기를 원했다. 그 여행 비용을 마련하기 위해서, 그는 다른 업무에 더 매달려야 했다. 그리고 뉴욕에서 우루과이 영사 직무를 담당했다. 그리고 소설 『라모나』[61]를 번역했다.

내면의 슬픔 위에 일어난 이 모든 일들과 함께, 그의 시선은 경계하고 있었다. 쿠바에서의 상황은 혼란스러웠다. 스페인이 인가할 수 있는 자치권을 수용하는 것만으로 만족하려는 사람들이 거기서 조종하고 있고, 독립의 이상에 충실한 다른 사람들이 있었다. 쿠바가 정복 당하고 식민지로 계속 취급 당하고 있을 때, 어쩌면 이들의 지지도는 점점 하락하고 있지 않았을까?

외형이 무엇이든 간에, 자치주의자들의 관심 있는 태도가 무엇이든 간에, 마르티는 항의와 반란 정신이 우세해질 것을 의심하지 않았다. 해야 할 것은 썩은 자치주의의 환상을 반론하고, 고발하고, 경계하는 일이었다. 그리고 예견해야 했고, 유도해야 했고, 오류를 일으키지 않고, 조급한 모험심도 드러내지 않도록 지도해야 했다.

미국에 있는 이민자 그룹들 안에서 혁명적인 목적을 조직하고 행동하기 위한 욕구와 성급함이 되살아 나기 시작했다. 마르티는 성급한 결정에 따라서는 안 되도록, 조국을 위하여 "조국에 합당한"[62]자유를, 조심스러운 예견과 함께, 준비하도록, 모든 사람들에게 많은 훈계를 해야 했다. 그것은 "모든 이주민들

---

61) Ramona

62) "1868년 10월10일을 기면하는 연설에서, Masonic Temple, 뉴욕", en OC, t. 4, p. 226.

이, 평등한 관계 속에서, 민주주의의 정신으로 하나가 되는”[63] 위대한 업적을 수행하는 데에 필요했다.

드디어, 겨울이 오고, 레오노르 부인이 뉴욕에 도착했다. 당시에 만띠야의 미망인인, 카르멘 미야레스의 펜션에 살았다. 레오노르 부인은 거기서 가정적인 애정과 활기를 발견했다. 마르티는 그 집을 피난처로 만들었다. 카르멘의 두 딸, 까르미타와 마리아는 그의 가슴 속 기쁨과 “어린 이스마엘”이 없는 데 대한 위로였다. 이 또한 모든 것은 쿠바의 늙은 노인에게 다정스러움과 기쁨이었다.

마르티는 이미 자신에게 주어진 막중한 혁명적 책임에 명확한 길과 잘 정의된 목적을 그 어느 것도 게을리 하지 않았다. 이민자 동포들 사이에서 확고한 명성은 높아졌다. 그들은 조언을 얻고자 그를 찾았고, 같은 혁명적 이상과 열정으로 모든 쿠바인들을 하나되게 하려는 백인과 흑인, 모두와 함께, “사랑의 법이 정치적 법에 적용되는”[64] 개량된 사회, 공정하고 진실한 공화국을 세우려는 것이었다.

그랬다. 그의 막대한 임무는 뜻을 통일하고, 방향을 지시하고, 영감을 주는 일이었다. 매 순간, 모든 기회마다 그는 그것을 했다. 회합에서, 연설에서, 편지에서… 역시 우루과이 영사업무를 처리하고 있는 그의 작업실로, 그를 보기 위하여, 그와 얘기하

---

63) 후안 아르나오에게 보낸 편지, en OC, t. 4, p.214.
64) “1868년 10월10일을 기념하는 연설에서, Masonic Temple, 뉴욕”, en OC, t. 4. P 231.

기 위하여, 정치에 관한, 예술에 관한, 세계에서 일어나고 있는 것들에 관해서, 그에게 듣기 위하여 찾아 왔다.[65)]

그를 움직이는 것은 쿠바를 향한 그의 열정뿐만이 아니었다. 그의 영혼은 비상하고 있었고, 그의 비전은 아메리카 나라들의 모든 운명을 내포하고 있었다. 조국 안에서 그의 예견과 걱정이 그치는 것이 아니라, 대륙에 살고 있는 민중들의 미래였다. 스페인어를 사용하는 민족들 위에 있는 강대국 미국의 야망의 위험을 한 번 이상 지적해야 했다

쿠바가 미국에 포함되는 것을 보고 싶어하고, 유혹에 빠진 합병주의자는 없었을까? 미국이 섬을 사려는 가능성에 앞서 그것을 손에 넣으려고 노력하는 사람들이, 쿠바인의 특성을 "남성다운 힘과 자존심이 결여"된 무능하고 게으르다고 주장하는 모욕적인 기사를, 필라델피아 신문은 발표하지 않았는가……?[66)]

아, 부당하고 비열한 마음이라니, 마르티는 격분했고, 그 모욕에 대답하기 위하여 뉴욕의 큰 일간지에 힘있고 당당한 아름다운 긴 편지를 발표했다. 그는 모욕에 대한 강력한 주장으로 된 답변 외에도 쿠바인들은 "미국을 위한 쿠바와의 합병을 원하지 않는다. 합병은 필요없습니다. 일찍이 수없이 많은 위대한 사람들이 자유를 수호한, 이 나라를 존중합니다. 그러나 피 속에 있

---

65) "호세 마르티(Esbozo)", 디에고 비센테 떼헤라, Textos escogidos, . 출판사, 아바나, 1981, p.56.

66) Oueremos a Cuba? 'The Manufacturer'에서 번역됨, 필라델피아 신문, 3월16일자,en OC,t.1,p.233.

는 벌레처럼, 불길한 요소에 대한 불신이 이 경이적인 공화국에 파멸로 시작했습니다."[67]고 편지에서 밝혔다.

그리고 그는 얼마 후 연속적인 캠페인으로, 전쟁을 조직하기 위한 결정적인 시기에 <미국을 위한 쿠바>라는 지지자들을 설득하는, 글을 썼다.

부자들 대 가난한 자들, 기독교인 대 유대인들, 백인들 대 흑인들, 농부들 대 장사꾼들, 서부와 남부 사람들 대 동부사람들, 궁핍하고 탐욕스러운 사람들과 허기와 목마름에 거절당하고 있는 모든 사람들로 된 이 휘젓는 사냥개에게, 이 진노의 화덕에, 이미 연기가 치솟는 이 분화구에, 순수하고 열매에 가득한. 우리들 가슴인 대지를, 정말 우리가 들어가야겠습니까?[68]

마르티가 쿠바의 위엄을 보여주는 강력한 목소리였던 것은 사실이었다. 그리고 모든 쿠바 이민자들은 그를 알았고, 그를 자랑스럽게 여겼다.

67) "쿠바의 옹호", en OC, t.1, p.236-237.

68) "근원으로", en OC, t. 2, p.279-280.

15장 · 『황금시대』의 인간, 그리고 아메리카의 인간

1889년 7월에서 12월까지

그의 힘은 조금씩 갖춰졌다. 조국의 미래뿐만 아니라 더 큰 조국 아메리카의 행복을 위해 물질주의를 경계했다. 대도시의 가난한 모퉁이에서, 정신의 생생한 불꽃을 가진 연약한 육체의 영혼이 어찌 두려움이 없었을까!

거기에서 그는 세계를 숙고했다. 히스파노아메리카의 민중들 안에 자신의 응시를 멈추었다. 쿠바인들의 기질과 부를 연구하고, 자신의 다가올 미래를 준비하고, 번영과 개선의 방식을 그들에게 가르치고, 그것들을 준비하기 위하여 현실을 직시할 뿐만 아니라, 젊은 세대들의 참여를 느꼈다. 당당한 삶의 훈련을 위해 준비해야 하는 사람들, 성장하고 올라가야 하는 사람들을 돕기 위해 갖추어야 할 것들도 생각했다. 거기서부터, 아메리카의 모든 아이들을 위한, 가정교사가 되었다!

아니, 정말 그는 자신의 일만해도 너무 시간이 없었다. 여기 뉴욕에 있는 신문을 위한 큰 페이지들을 써내야 하는 모든 일들과, 장문의 기사들을 기다리고 있는 다른 곳들이 있었다. 여전히 다른 사람들과 공동 작업을 해보고자 했다. 그러나 이제 아이들을 위한 잡지를 편집할 수 있는 기회를 놓칠 수 없었다. A 다 코스타 고메스라는, 브라질 친구가 자금을 제공하여, 1889년 7월에 아메리카의 어린이들에게 헌정하는 월간지 《황금시대》 창간호가 나왔다.

누가 《황금시대》를 썼을까? 글쓴이는 호세 마르티 외에 아무도 없었다. 잡지는 월간지였다. 책에는 직접 그린 만화 그림이

아이들을 위한 잡지 《황금시대》의 표지.

함께 실렸다. 그러나 매월 그는 정말 많은 텍스트를 준비해야 했다. 언제 이토록 다양한 주제로 된 많은 글쓰기를 할 수 있었을까? 잡지를 그만둘 생각은 하지 않고, 계속할 생각만 했다. 다른 나라로 보내야하는 기사들 외에도, 그 혼자서, 다달이 32페이지에 달하는 많은 양을 채우기 위해 글을 쓰겠다고 굳게 약속한 것을 말하고 싶은 것이었다. 그것은 무한한 사랑과 봉사 정신으로, 이 천재적인 사람의 손으로가 아니라면, 불가능해 보이는 가공할 만한 임무였다.

1889년도의 마르티.

잡지의 간행을 알리는 광고에는 마르티가 쓴 이러한 구절이 있다.

"《황금시대》의 기획은 그를 즐겁게 하고, 피로감 없이 그를 가르치는 책을 아메리카 아이들의 손 안에 두고 싶은 것입니다. 또한 지나간 것, 현대적인 것을 생생하게 요약하여 그에게 알려주고, 감정적인 것 이상의 정서를 사랑하도록, 아직 유행 중인 병약하고 사변적인 시를, 수사학, 세계적 지식에서 태어난 건강하고 유용한 시로 대체하도록 그의 정신적인 것과 육체적 능력을 동등하게 사용하도록 자극하는 것입니다. 자신의 이름의 영광과 생계 유지를 위해 일해야 하는 대지의 역사와 요인, 법칙들을 공부하기 위해서 입니다.

매 호마다 이야기처럼 관심 있는 독서, 과학과 산업, 예술, 역사와 문학의 요약된 진실인 기사가 포함될 것입니다. 여행 기사와 함께, 전기문, 경기와 관습에 대한 묘사, 우화들과 시들도 포함될 것입니다. 선택한 주제들은 그 자체가 지닌 풍부한 학식 때문에, 과학적 명칭이나 과장된 언어도 몇 년 동안 독자에게 놀라게 하지 않도록, 늘 그렇게 될 것입니다.[69]

그 당시 친구들에게 써 보낸 편지 안에서 그는 잡지를 언급하면서 말하고 있다.

나는 큰 믿음을 가지고, 또한 스스로 낮춘 형식이 사상의 어떤 중요성을 제거하지 못한다는, 진지하고 유용한 것으로서 이 기획에 들어섰습니다.(…) 그것을 등에 지기로 한, 결코 적은 무게가 아닌, 깊은 생각이 담긴 회람장을 보게 될 것입니다. 그것은 내가 돕고 싶은 사람을 도울 수 있도록 되어야 하는, 그것은 우리의 대지를, 그들이 살고 있는 땅에서 행복하게 되기 위해 성장한, 그 땅의 사람들로 채우는 것입니다. 그들은 대지에 조화되고, 대지에서 분리되지도 않는, 잘 꾸며진 시민 또는 세상의 부분에 핍박받는 외국인처럼 살지도 않습니다. (…) 우리의 어린이들은 그들의 시대에 맞는 사람으로, 아메리카의 사람으로 성장시켜야 합니다. 나의 시선에 이런 존엄성을 가지지 않았다면, 나는 이 기획을 시작하지 않았을 것입이다.[70]

69) 《황금시대》의 서문, en OC, t.18. pp.295-296.
70) 마누엘 메르카도에게 보낸 편지, en OC, t.20, pp.146-147.

마르티는 자신의 작품으로 애정을 불러일으키고 열광시켰다. 그러나 잡지를 후원하는 사람, 그것이 발행될 수 있도록 자금을 제공하는 사람은 잡지 안에 유지되어야 할 공정하고 유익한 아이디어를 비틀고 함부로 밀어 부치기를 은근히 시도했다. 마르티는 동의하지 않았고, 거절했다. 그래서 그는 발행을 그만두게 되었다. 1889년도의 7, 8, 9, 10월에 걸쳐, 4호까지만 나왔을 뿐이었다.

몇 해 지나고, 1905년에 친구이자 마르티가 특별히 좋아한 제자, 곤살로 데 께사다 아로테기가 4호의 잡지를 모아, 책으로 발간했다. 그것이 『황금시대』이고, 그로부터 나중에 쿠바에서 또한 다른 나라들이 출판을 하게 되었던 것이다. 그 저작물을 모은 출판은 정말 훌륭한 생각이었다. 왜냐하면 그렇게 해서 라틴 아메리카의 어린이와 청년은, 자신들을 위해 스페인어로는 결코 쓰여지지 않았던 최고의 작품인, 영웅적인 책을 가지게 되었다. 자신의 눈과 심장으로 늘 도달하기 위해 <황금시대>를 가진 적이 없는, 일반적인 히스파노아메리카인이나, 쿠바 소년 소녀가 있어서는 안 되었다.

마르티는 체념하지 않았고, 《황금시대》의 작업으로 그의 여정이 완수되었다고 생각하지도 않았다. 그건 그저 가벼운 것일 뿐이고, 또 희망의 위로 같은 것이었다. 깊은 관심사와 위대한 투쟁의 현장은 매일매일이 의욕들 속에 있었다. 매년 그래왔듯이 10월 10일은 기념일이었다. 쿠바인들에게 연설하는 날이었고, 거기서 그는 착각한 또는 결정하지 못하는 마음을 설득하기 위하여, "결정적이고 무적인"것을 분출 시킬 새로운 전쟁을 위해 그들을 준비시키고, 그들을 단결시키고자 그 기회를 이용했다.

그의 가장 중요한 의욕은 쿠바를 자유롭게 해야 하는 혁명적인 운동의 조직을 확보하는 데 있었다. 그러나, 그 외에, 당시 어린이들을 위한 잡지 몇 호를 만든 몇 달 동안에 아메리카컨퍼런스가 구성되었고, 이 나라들이 10월에 워싱턴에서 모임을 가졌다.

그 컨퍼런스의 논의와 작업들은 6개월 동안 지속되었고, 마르티에게는 너무 깊은 우려의 이유가 되었다. 그의 조국은 자유로운 국가의 회합인 거기에서 대표가 될 수 없었고, 그 외의 다른 국가들은 너무나 순진했고, 야심적인 미국의 지배 의도 안에 감춰진 위험성을 눈치채지 못할 정도로 신뢰했다. 거기, 회의를 주재하고 있는 방패문장에서 "아메리카의 모든 국기들을 그의 갈퀴로 움켜쥐고 있는"[71] 거만한 독수리가 두드러졌다.

그는 이미 예견했고, 아직도 다른 제국의 폐허에 지배당하고 있는 쿠바 위에 드리워진 미국의 제국주의적인 탐욕의 위험을 어느 누구와도 다르게 느꼈다. <라 나씨온>의 한 논설에서, 컨퍼런스를 논평하면서 말했다.

스페인의 횡포로부터 아메리카 에스파뇰라를 구할 것을 알고 있다. 그리고 지금은, 요인들과 원인들, 전례들을 사법권의 두 눈으로 보고 난 후에, 아메리카 에스파뇰라에게 두 번째 독립을 선언할 시간이 가

71) "소박한 시의 서문"에서, en OCEC, t.14, p.297.

까웠다고, 그것이 진실이므로, 말하는 것이 시급하다.[72)]

그러나 그는 그 회의에 참석할 수 없었다. 그리고 그의 목소리는 방어하려는, 깨우려는 역할을 할 수가 없었다. 아르헨티나의 대의원 비서로 컨퍼런스에서 일하고 있는, 그 당시부터 그의 정신적인 아들이었던 쿠바 청년, 곤살로스 데 께사다를 통해, 일어나고 있는 모든 것을 정확히 알아내고, 바깥에서 경계하는 것 외에는 아무 것도 할 수 없었다.

아직은 그의 사상의 영향으로 무언가를 돕는 것으로 만족할 수 있었다. 뉴욕에 온 모든 대표들이 갔던 히스파노아메리카 문학협회를 위한 파티에서 환영을 받았다. 그 협회 의장은 호세 마르티를 "우리들의 총애하는 연사"로 소개했다.

그날 밤의 연설처럼 그렇게 고결하고, 아름다운 연설을 상상으로 이해하는 것은 어렵다. 두 아메리카, 곧 북아메리카와 스페인어를 사용하고 있는 민족들의 아메리카의 형성과 탄생에 대해 활력있는 특징들과 함께 결코 본 적이 없는 빛나고 생생한 광경이었다. 아메리카 대륙들의 자유를 향한 투쟁의 도가니에 뒤섞인 덕행들의 열렬한 고양과 그토록 아름다운 것은 한번도 들어보지 못했다. 너무나 매력적인 연설! 그 관대하고 고결한 환기! 그 안에 있는, 저 충직하고 감동스러운 고백은 자식의 사랑스런 박동 같았으니.

72) "워싱턴의 국제 회의", en OC, t.6, p. 46

그러나 링컨이 태어난 아메리카의 자유로운 사람들에게 이 땅은 위대하고 기름부음을 받았습니다. 우리에게, 아무도 우리를 가로막을 수 없으며, 우리가 잘못일 수 없는, 우리들 가슴 안의 비밀 속에서 후아레스가 태어난 아메리카는 가장 위대합니다. 왜냐하면 그것은 우리의 것이기 때문이며, 또한 가장 불행했기 때문입니다.[73]

호세 마르티가 직접 그린 자회상.

73) 1889년 12월 19일, 히스파노아메리카 문학협회의 문학예술 야회(夜會)에서 연설했다. 이 자리에는 아메리카 국제 컨퍼런스의 대표자들이 참석하고 있었다. En OC, t. 6, p. 134.

16장 · 시인, 스승, 혁명지도자

1889년 12월에서 1891년 10월까지

그 자리에 개입할 수 없었던 아메리카 국제 컨퍼런스가 끝난 그 겨울의 고뇌와 걱정은 이미 약해져 있던 건강을 해쳤다. 그리고 의사는 "그를 산으로 보냈다." 짧은 기간, 떠나는 것을 두려워하지 않고, 소나무숲에서 지내기로 했다. 한 친구에게 그가 쓴 편지에 따르면, "우리들의 대륙에서 많은 일을 하기에는 힘없는 나를 보는 것 외에는, 삶으로부터 떠나 있네."[74]

시골에서 은거하는 동안, 그는 시를 썼다. 잠시의 차분한 기운은 기억의 쓴맛과 기쁨의 위로로 그를 빠져들게 했다. 그때가 36살이었다. 그의 삶과 심장의 박동들은 그의 『소박한 시』로 간결하고 꾸밈이 없는 창작으로 남겨졌다. 그 수사학적인 장식도 없고 순수한 감성과 사고만이 존재했다. 시편들 안에는 솔직한 친밀함과 명료한 본질, 소박한 아름다움이 남았다. 저 소박

74) 후안 보니야에게 보낸 편지, en OC,t.1, p.261.

한 시편들은 불성실한, 조잡하고 부도덕한 시와는 다른 가치와 도덕을 담고 출판되었다. 시인의 조국에서 오늘날에도 읽혀지고, 감동 받은 아이나 어른들이 낭송하고 있다.

대지의 가난한 사람들과 함께
나의 행운을 꽃피우길 원하나니
***
에스빠냐에 있는, 아라곤을 향하여
내 가슴 속에 지녔으니
***
대지를 위해 압제자를
손등으로 내쫓는 사람을 존경하나니:
존경하리라, 그가 쿠바인일지라도:
존경하리라, 그가 아라곤 사람일지라도.
***
나는 신실한 사람
***
날개의 그늘에서, 이 이야기를
가장 아름답게 전하고 싶으니:
***
조국이 없이, 어쨌든 임자도 없이,
내가 죽을 때, 원하나니.
***
죽음을 결심한 남자가

십자가에 매달릴 때,

충분히 하기 위하여 떠나고, 그것을 한 후에,

빛으로 씻은 듯 돌아오리니,

***

나는 선한 사람이니, 태양을 마주보고

죽을 만큼 선한 사람이니!

***

인간들의 노예 예속은

세계에서 지독한 수치이구나!

***

무도회가 있으니, 스페인 발레리나를

보러 가자꾸나.

***

내가 살고 있는 심장과 함께

뿌리채 나를 뽑는 잔혹한 이를 위하여,

엉겅퀴도 아닌 나도냉이도 아닌

하얀 장미를 가꿀 거예요.

***

표범은 외투를 가지고 있으니

그의 메마르고 회갈색 산에서.

나는 표범보다 더 좋은 것을 가졌으니,

선한 친구가 있기 때문이라.[75)]

75) 『소박한 시』를 볼 것, en OCEC, t.14, pp.295-353.

산골에서 그의 은거는 짧았다. 그곳에서 많은 시간을 고요하게 있을 수가 없었다. 자신의 삶의 동기이자 목표였던 의무와 책무들이 그를 압박했다. 그는 결코 쉴 수가 없었다. 쉬는 사람들을 분노하게 하고 슬프게 하는 존재들이 있었다.

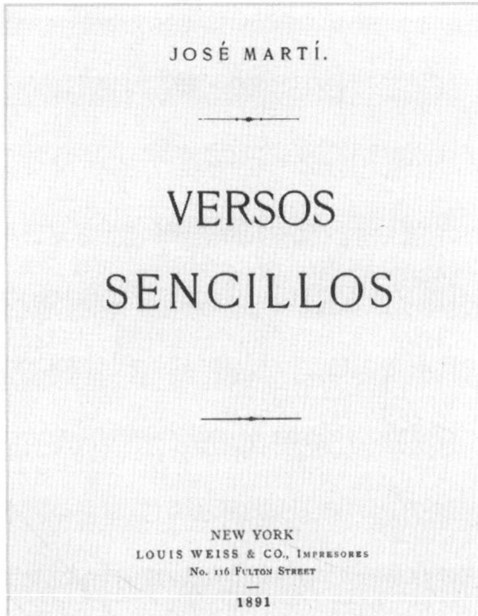
JOSÉ MARTÍ.

VERSOS SENCILLOS

NEW YORK
LOUIS WEISS & CO., IMPRESORES
No. 116 FULTON STREET
—
1891

두번째 시집 '소박한 시'의 첫 표지.

뉴욕으로 급히 돌아왔다.
거기엔 할 일이 너무 많았고, 대처해야할 상황들도 많았다. 신문들을 위한 시평들, 우루과이 영사업무에 집중하는 것, 그의 어머니는 쿠바로 돌아가기로 결정했고, 이민자 그룹들의 다소 쇠퇴한 열정, 야간시립학교에서의 스페인어 선생의 업무 등…

그 외에, 흑인 동포들 그룹이 거기서 가난하고 무관심으로 버려진 채 살고 있는 그 궁핍한 노동자들을 돕고자, 보호 및 교육협회, <라 리가>[76)]를 막 창설했다. 마르티는 몰두했다. 혁명이 구출해야 하는 것들은 고통받고, 검은 피부를 가진 사람들이었다. 전쟁을 하는 것도 그들과 함께, 역시 그들을 위해서 있는 것이었다. 그리고 그는 인간답고 공정한 마음으로 그들에게 다가

76) La Liga

갔다. 마르티는 <라 리가>의 창설자 멤버이며, 명예총재였다. 그리고 거기서 지도자가 되려는 친구들을 만났고, 그 자신도 스승이었다.

밤마다 흑인 노동자들이 그를 기다렸다. 모두에게 감동적인 기대가 있었다. 스승은 도착했다. 야간 시립학교에서 오는 길이었다. 모두가 그를 돕고자 했고, 책과 외투를 받아들고자 했다. 그리고 정중하고 조심스럽게 그의 앞에 앉고자 했다.

아, 얼마나 매력적인 스승이었던가! 그의 핵심적인 교육 방법은 대화를 통한 소통이었다. 그는 그에게 쏟아지는 무수한 질문들에 답하고, 그 자신이 질문하고, 설명하고, 그의 언어는 차분했고, 선명했고, 박식했다. 거기에서는 지식적인 것, 삶의 모든 것, 역사의 모든 것, 도덕의 모든 것, 그리고 정치적인 모든 것들이 드러났다.

스페인어의 수업들이라니! 언어의 마술사였던 그는 남다른 언어적 감각을 가지고 있었다. 한 학생은 말하기를 - "그들은 올바른 말을 듣는 유일한 즐거움 때문에 실수를 저지르고 싶지요." <라 리가>에서 그룹을 만든 푸에르토리코인들과 쿠바 흑인들은 그를 공경했다. 그는 스승이었다. 뉴욕에 사는 그 외의 대다수 이민자들에게도 존경과 감탄의 대상이였다. 그 겸허한 삶과 행동, 관대한 삶, 그리고 모든 사람이 인지하고 있는 보기 드문 지성을 가진 그 사람을 어떻게 존경하고 사랑하지 않을 수 있을까? 모든 아메리카에서 그의 고결한 삶과 재능으로 탄복하는, 쿠바의 한 인간에 대한 자긍심을 어찌 느끼지 않을 것인가?

그처럼 탁월한 이가 누구일까? 산 살바도르에서 그는 과학예술 아카데미의 특파원으로 임명되었다. 그는 카라카스 지식우호협회의 특파원이었다.

우루과이뿐만 아니라 아르헨티나 공화국, 파라과이도 그를 뉴욕에서 그 나라들의 영사로 지목했다. 우루과이는 워싱턴 국제통화위원회의 대표자로 임명했다. 이 국제통화위원회에서 마르티의 활약도 뛰어났다. 그랬다. 그는 스승이었다. 아메리카와 쿠바의 사람이었다. 이처럼 이민 온 선량한 쿠바인들은 그를 존경과 자긍심으로 생각했다.

마르티에게 쿠바 운명의 결정적인 단계에서 깊이 행동할 순간이 왔다. 쿠바로부터 불만과 불안이 부풀어오르는 것이 알려졌다. 스페인의 정치는 탄압적이고, 악화 일로였다. 반란의 기운이 고조되었다. 반란의 확고하고 확장된 분위기를 조성하기 위하여 지체없이 행동해야 했다. 거기서 준비 없이 더 많은 실패를 가져오는 무질서한 투쟁으로 참을성 없고 절망이 싹트는 것을 피해야 했다.

기회가 왔다. 명성을 강화하고 신뢰에 감응하게 하는 8년의 느리고 지속적인 노력, 확고한 승리에 이르는 "짧고 정당하고 지속적인 이익"[77]을 수행하는 데 필요한 조건과 수단을 만들어야 한다는 명확한 확신을 모든 사람의 가슴 속에 박아넣으려

77) 1868년 10월 10일을 추모하는 연설에서, 뉴욕의 하드만홀, 1890, en OC, t.4, p. 249.

는 수년간의 설교, 그것은 "모두의 행복, 모든 사람의 고통, 그리고 모든 이를 위한 하늘"[78]이어야하는, 자유로운 조국의 이상과 목표를 전파하는 수년간… 그리고 "조국의 모든 것은 공동 소유이며 쿠바에서 태어난 사람의 모든 생각과 행동에 대한 양도할 수 없는 자유로운 목표"[79] 안에 있었다. 이제 마지막 단계를 위한 길을 열어야했다. 지금은 소망을 끌어들이고, 하나로 통합하고, 창설하는 것이었다. 나라 안팎에서 반란의 여건을 마련하고 조직해야 했다. 또한 투사들에게 필요한 도움을 효과적으로 준비해야 했다. 그렇게 그의 강력한 혁명적 능력이 갖춰져 갔다.

독립주의자들 조직 안에서도, 매년 개최하는 10월 10일 추모기념식에서도, 그가 회장으로 있던 뉴욕의 히스파노아메리카노 문학협회에서도, 모든 연설에서 이미 행군을 시작할 준비를 하는 전쟁기획을 열광시켰다.

-그들 중 하나가 말하는 것처럼- 우리들은 알리기 위하여 작년처럼 말을 타고 왔습니다.(…) 말에게 재갈을 풀어 놓을 시간은 아직 아닙니다. 하지만 허리띠는 벌써 씌워져 있고, 안대는 이미 제거되었고, 안장이 놓일 것입니다, 또한 기수들은…마음은 기수들로 가득합니다![80]

---

78) 1868년 10월 10일을 추모하는 연설에서, 뉴욕의 하드만홀, 1890, en OC, t.4, p. 239.
79) 상동
80) 상동

국제통화위원회의에서의 임무, 그들의 걱정, 그들의 염려는 이미 끝났다. 그리고 "너무 많이 썼기 때문에, 부은 손"[81]이었다. 그 자신이 그렇게 말했다. 그에게 있어 언제나 강력한 무기였던 펜과 언어, 그것만으로는 지체없이 해내어야 하는 것에 충분하지 않았다. 그러나 마음속에서 초조하게 고대하는 기수, 말을 탄 기수를 찾는 것이 필요했다. 그가 한 마지막 연설의 충동에서 그를 그렇게 본 것처럼 보인다.

이러한 열렬한 연설들은, 그의 용맹스러운 혁명 선전과 마찬가지로, 스페인에게 우호적인 국가인 아르헨티나 영사로서의, 그를 반대하는 여론을 촉발시켰다. 양국간에 어떤 불협화음이 발생하지 않도록 하기 위해, 마르티는 물러났다. 역시 우루과이와 파라과이의 영사직도 단념했다. 혹평을 받았던, 히스파노아메리카 문학 협회의 회장직도 마찬가지로 그만두었다. 어떤 지위도 갖지 않았다. "나에게 우선은 내가 원하는 것이 아니라, 내 조국위한 행복을 원한다."[82] 그 몇 달 전에 그는 <라 나씨온>에 그의 기고를 보내는 것을 그만 두었다… 어떤 것에도 묶이지 않았고, 어떤 약속도 하지 않았다. 비로소 그는 자유로워졌고, 혁명의 확실한 행보를 조직하기 위한 캠프를 시작했다.

81) 곤살로 께사다에게 보낸 편지, en OC, t.6, p.181.
82) 상동

제4부

17장 · 탐빠와 까요우에소, 쿠바혁명당

1891년 11월~ 1892년 6월까지

이미 그의 삶은 닻도 붙들어 맬 밧줄도 없었다. 그 모든 것들을 풀어놓았다. 가족과 일이라는, 너무나 소중했던! 것들을 던져버린 그 모든 것의 깊은 고통이 영혼 속에 생겼다. 그러나 준비된 삶을 전적으로 조국에 봉사를 위한 일은 그를 열중하게 했다.

마르티는 38살이었다. 고통스러운 좁은 길에서의 고결한 임무와 순수한 정신을 하루하루 소모했다. 그의 열렬한 친밀감은 창백한 얼굴과 현저히 야윈 광대뼈, 우수에 찬 두 눈, 매우 넓은 이마의 빛, 가려진 미소, 평온한 몸짓에 이르기까지 드러났다. 피로와 고통으로 소모된 약한 체격으로 타오르는 정신은 지칠 줄 모르는 에너지와 강인함으로 밀어붙이는 것처럼 그를 지탱했다.

결정이 났다. 사람들을 찾고, 희생이라는 보편적인 이상에 그들을 결합하기 위하여, 기회를 찾아야 했고, 아니면 강제해야 했다. 그러나 갑자기 기회가 왔다. 고결하고 용기 있는 그의 정치적 행보에 대한 평판, 그의 개인적인 명성은 널리 퍼져갔다. 미국 남부, 플로리다의 땅, 거기에서 독립주의자의 이상을 생생하게 유지하는 사람들 속에서 이민자들의 대부분이 있는 탐빠와 까요우에소 같은 공동체에서 쿠바인 노동자 그룹이 일어났다. 탐빠의 전 지역은 쿠바에서 집을 짓고 정직한 노동으로 살아가기 위해, 거기에 가정을 옮긴 쿠바로부터 도착한 담배제조 노동자들에 의해 발전했다. 탐빠에는 네스토르 L. 까르보넬이 의장을 맡고 있던 <이그나시오 아그라몬떼>클럽은 기구의 이익을 위해 조직된 성대한 축제에 마르티를 초대하기로 결정했다.

마르티는 기뻐하며 초대를 수락했다. 기쁨 가득한 영혼으로, 받아들였다. 그것은 정말 중요한 기회였고 가장 소중했다. 공통적인 애국의 갈망과 도움이 필요한 사람들인, 저 비천한 날품팔이들이었고, 노동자들이었다. "비참한 영웅" 으로 그의 마음을 끄는 그들은 가난한 사람들이었다. 해방과 정의의 동기로 짜여진 삶을 가진 충직한 혁명적인 사람들은 노동자들이었다.

1891년 그 해 11월 25일 자정에, 마르티는 탐빠에 도착했다. 폭우 아래 정류소에서 많은 사람들이 그를 기다리고 있었고, 악수와 포옹으로 그를 반겨주었다.

다음날 도시 안에는 호기심으로 가득 찬 기대가 끓어올랐다. 까요우에소로부터 속기사들이 도착했다.

밤에 쿠바인 협회에 군중들이 전에 없이 가득 찼다. 라몽 리베라가 성대한 환호로 초청받은 웅변가를 소개했다. 마르티는 무대의 앞으로 나아갔다. 온화하고 느린 목소리로 침묵을 깨뜨렸다.

"첫번째 말은 고통받고 있는 쿠바를 위하여 입니다. 조국을 위해 우리를 일으키기 위해, 우리들의 삶을 쿠바에 바치기 위해 주춧돌로서가 아니라, 제단으로서 입니다."[83)]

그 목소리와 감동적인 액센트로 사람들의 가슴은 벅차 올랐다. 조국을 수호하고 조국을 지켜내는 모든 책무 앞에서, 조국은 일어났다. 고결한 목소리는 영광스러운 미래를 선언했다.

내가 원하는 것은 우리 공화국의 최초의 법은 인간의 완전한 존엄성이 쿠바인들의 신앙이 되는 것입니다. (…) 누가 쿠바인들이 자신의 가치로 태어난 대지에서 스스로 살아가는 데에 용기와 역량을 결여하고 있다고 조작하는 사람에게, 말합시다. 거짓말이야!(…) 종려나무들이 애인들이고, 우리를 기다리지! 우리는 종려나무들 만큼 높은 데에 두어야 해!(…) 지금은 줄을 만들어야 해!(…) 모든 쿠바인들의 번영과 행복을 위해 인간의 품격에 가치 있는 방법으로 준비되지 않은 공화국으로 가는 길을 막을 수 있도록 합시다. 모든 쿠바인들로부터 입니다!(…) 새로운 깃발에는 승리의 사랑 공식을 별의 둘레에 넣읍시다. "모두와 함께, 모두의 행복을 위하여"[84)]

---

83) "쿠바인 협회에서의 연설", 탐빠, 1891, en OC, t.4, p. 269.
84) "쿠바인 협회에서의 연설", 1891, en OC, t.4, p. 269-279.

LA REVISTA ILUSTRADA DE NUEVA YORK. 3

NUESTRA AMÉRICA.

Cree el aldeano vanidoso que el mundo entero es su aldea, y con tal que él quede de alcalde, ó le mortifiquen al rival que le quitó la novia, ó le crezcan en la alcancía los ahorros, ya da por bueno el orden universal, sin saber de los gigantes que llevan siete leguas en las botas, y le pueden poner la bota encima, ni de la pelea de los cometas en el cielo, que van por el aire dormido engullendo mundos. Lo que quede de aldea en América ha de despertar. Estos tiempos no son para acostarse con el pañuelo á la cabeza, sino con las armas de almohada, como los varones de Juan de Castellanos: las armas del juicio, que vencen á las otras. Trincheras de ideas, valen más que trincheras de piedras.

No hay proa que taje una nube de ideas. Una idea enérgica, flameada á tiempo ante el mundo, pára, como la bandera mística del juicio final, á un escuadrón de acorazados. Los pueblos que no se conocen, han de darse prisa para conocerse, como quienes van á pelear juntos. Los que se enseñan los puños, como hermanos celosos, que quieren los dos la misma tierra, ó el de casa chica, que le tiene envidia al de casa mejor, han de encajar, de modo que sean una, las dos manos. Los que, al amparo de una tradición criminal, cercenaron, con el sable tinto en la sangre de sus mismas venas, la tierra del hermano vencido, del hermano castigado más allá de sus culpas, si no quiere que le llamen el pueblo ladrón, devuélvale sus tierras al hermano. Las deudas del honor, no las cobra el honrado en dinero, á tanto por la bofetada. Ya no podemos ser el pueblo de hojas, que vive en el aire, con la copa cargada de flor, restallando ó zumbando, según la acaricie el capricho de la luz, ó la tundan y talen las tempestades: ¡los árboles se han de poner en fila, para que no pase el gigante de las siete leguas! Es la hora del recuento, y de la marcha unida, y hemos de andar en cuadro apretado, como la plata en las raíces de los Andes.

* * *

A los sietemesinos sólo les faltará el valor. Los que no tienen fé en su tierra, son hombres de siete meses. Porque les falta el valor á ellos, se lo niegan á los demás. No les alcanza al árbol difícil el brazo canijo, el brazo de uñas pintadas y pulsera, el brazo de Madrid ó de París, y dicen que no se puede alcanzar el árbol. Hay que cargar los barcos de esos insectos dañinos, que le roen el hueso á la patria que los nutre. Si son parisienses ó madrileños, vayan al Prado, de faroles, ó vayan á Tortoni, de sorbetes. ¡Estos hijos de carpintero, que se avergüenzan de que su padre sea carpintero! ¡Estos nacidos en América, que se avergüenzan, porque llevan delantal indio, de la madre que los crió, y reniegan, bribones, de la madre enferma, y la dejan sola en el lecho de las enfermedades! Pues, ¿quién es el hombre? ¿el que se queda con la madre, á curarle la enfermedad, ó el que la pone á trabajar donde no la vean, y vive de su sustento en las tierras podridas, con el gusano de corbata, maldiciendo del seno que lo cargó, paseando el letrero de traidor en la espalda de la casaca de papel? ¡Estos hijos de nuestra América, que ha de salvarse con sus indios, y va de menos á más, estos desertores que piden fusil en los ejércitos de la América del Norte, que ahoga en sangre á sus indios, y va de más á menos! ¡Estos delicados, que son hombres, y no quieren hacer el trabajo de hombres! Pues el Washington que les hizo esta tierra ¿se fué á vivir con los ingleses, á vivir con los ingleses en los años en que los veía venir contra su tierra propia? ¡Estos "increíbles" del honor, que lo arrastran por el suelo extranjero, como los increíbles de la Revolución francesa, danzando y relamiéndose, arrastraban las erres!

* * *

¿Ni en qué patria puede tener un hombre más orgullo que en nuestras repúblicas dolorosas de América, levantadas entre las masas mudas de indios, al ruido de pelea del libro con el cirial, sobre los brazos sangrientos de un centenar de apóstoles? De factores tan descompuestos, jamás, en menos tiempo histórico, se han creado naciones tan adelantadas y compactas. Cree el soberbio que la tierra fué hecha para servirle de pedestal, porque tiene la pluma fácil ó la palabra de colores, y acusa de incapaz é irredimible á su república nativa, porque no le dan sus selvas nuevas modo continuo de ir por el mundo de gamonal famoso, guiando jacas de Persia y derramando champaña. La incapacidad no está en el país naciente, que pide formas que se le acomoden y grandeza útil, sino en los que quieren regir pueblos originales, de composición singular y violenta, con leyes heredadas de cuatro siglos de práctica libre en los Estados Unidos, de diez y nueve siglos de monarquía en Francia. Con un decreto de Hamilton no se le pára la pechada al potro del llanero. Con una frase de Sieyès no se desestanca la sangre cuajada de la raza india. A lo que ès, allí donde se gobierna, hay que atender para gobernar bien; y el buen gobernante en América no es el que sabe cómo se gobierna el alemán ó el francés, sino el que sabe con qué elementos está hecho su país, y cómo puede ir guiándolos en junto, para llegar, por métodos é instituciones nacidas del país mismo, á aquel es-

마르티의 핵심 사상이 담긴 글 '우리 아메리카'(1891).

길고, 열광적이고, 박식한 연설은 열렬한 환희와, 포옹, 생생함과 감동의 눈물을 불러 일으켰다. 다음날은 의대생 총살 사건의 기념일인 11월 27일이었다. 마르티는 모두를 하나로 만들기 위하여 바쁜 나날을 보냈다. 쿠바애국연맹은 "형제 마르티"를 자긍심으로 환대했다. 흑인 노동자인, 코르넬리오 브리또의 집에서, 뉴욕과 비슷한 교육연맹이 창설되었다. 모든 지역 유기체의 공통된 혁명적 행동의 결의안, 즉 쿠바 혁명당의 기초가 될 직접적인 선례와 결의안을 공식화했다.

밤에 쿠바연맹의 행사에서 연설자는 마르티였다. 탐빠의 이민자들이 보여준 열정과 애정 어린 지지는 마르티에게 긍정적인 마음을 불러 일으켰다. 죽은 형제들의 고통과 자작은 사랑의 위안으로 승화되어야 했다. "철창에 갇힌 쟈칼처럼, 증오를 향해 빙빙 돌아다니는 쿠바인으로 살아가는것"[85]이 아니라 노래해야 했다.

85) 1891년 탐빠에서 가진 1871년 11월 27일 추모연설 중, en OC, t.4, p. 284.

잊을 수 없는 무덤 앞에, 생명의 송가가 있습니다. 이 충절의 마을, 흐린 오후에 도착했을 때, 노래를 들었습니다. 어두침침하고 습기에 찬 풍경이었습니다. (…) 찢어진 구름들의 높은 곳에서, 소나무 한 그루가, 태풍에 맞서면서, 자신의 잔 전부를 우뚝 세우고 있었습니다. 갑자기 환한 숲 위로 태양이 나타나자, 거기서 번쩍번쩍 빛나는 뜻밖의 빛에, 누르스름한 풀밭 위, 넘어진 소나무의 검은 몸통 주변에, 솟아 있는 새로운 소나무들의 유쾌한 솔방울들을 보았습니다. 새로운 소나무, 그것이 우리입니다.[86]

다음 날 밤은 탐빠에서 작별 행사로 마르티를 환대하기 위한 환하게 넘치는 축제였다. 다시 한번 연맹에서 수백 명의 사람들이 인사와 깃발과 활발한 열광으로 마르티를 응대했다…. 나중에 수백 명의 사람들이 기쁨과 애정으로 열광하면서 철도역까지 그와 동행했다.

마르티는 뉴욕으로 떠났다. 몸은 피곤했지만, 마음은 확고한 신념과 거대한 환희로 차올랐다. 탐빠! 쿠바인들의 탐빠, 관대하고 친절한 탐빠였다. 그러나 그 옆, 남쪽에 역시 쿠바인들이 일으킨 도시, 그들에 의해 세워진 노동자들의 도시인, "미국 사람들이 사막의 섬에 몇 채의 오두막 밖에는 가지고 있지 않았던"[87] 그곳에 까요우에소가 있었다.

까요우에소에서는 탐빠로 간 마르티의 방문을 알고 있었다.

86) 1891년 탐빠에서 가진 1871년 11월 7일 추모연설 중, en OC, t.4, p. 284.
87) <쿠바에 대한 옹호>, en OC, t.1, p. 236.

까요우에소에는 마르티에게 중단된 고메즈-마세오의 저 계획에 대한 기억을 불쾌하게 간직한 오래된 투쟁가들이 있었다. 그러나 탐빠에서는 마르티의 말에 귀를 기울였다. 까요로 그를 데려오려는 불타는 열정을 가진 열광적인 젊은이들 사이에, 다른 사람들도 있었다. 호세 돌로레스 뽀요가 내고 있는 신문 <엘 야라>[88]에서 몇번 언급했었고, 마침내 그를 초청하는 것과 준비하는 것을 책임지는 젊은 노동자 위원회가 구성될 수 있었다.

마르티는 크리스마스 이브에, 거기서 한 달 전에 머물렀던 탐빠로 지나갔다. 지금 까요우에소로 가는 걸음이었다. 크리스마스 날 그는 작은 증기선으로, 음악과 깃발의 환희로 그를 영접하는 까요에 도착했다. 그를 동행하는 탐빠의 친구들과 함께였다. 육지에선 곧장 지인들과 동료들을 포옹하고 감동적이었다.

1891년도의 마르티.

호텔에서 그를 수행한 그룹들에게 아름다운 인사를 했을 때, 수척해진 얼굴과 열의 있는 두 눈에서 이미 그는 아픈 것처럼 보였다. 밤에 그는 발에 고통을 느끼면서도, 자세를 유지했고, 큰 노력으로, 그에게 제공된 연회에서 몇 차례나 연설을 했다. 거기서, 불신의

88) El Yara

잔재를 간직했던 사람들까지도 감동됨을 느꼈다.

며칠이나 침대에 누워 앓아야 했다. 그의 상태가 호전되었을 때 그를 지지하는 사람들, 아직 그를 의심하는 사람들의 방문을 받아들였다. 호세 돌로레스 뽀요, 라마드리스, 피게레도 등… 모든 사람들과 그는 계획을 드러내고, 조언을 요청하고, 칭찬했다. 어느 누구도 그의 진실함과 매력적인 설득 방식에 매료되었다. 그의 병실에서 사람들은 자신들의 다툼과 반감을 잊어 버렸고, 서로 포옹했고, 새로운 공동작업을 위하여 하나가 되었다.

몸은 회복되었고, 그의 임무로 되돌아갔다. 아름답고 감격적인 3일 연속된 연설들은 사람들을 끌어당겼다. 산 카를로스의 쿠바 서클에서, 자유와 조국 클럽에서, 담배 제조 공장들에서… 저 사람을 매료시키는 웅변에 의해 모두 승리를 느꼈다.

중단없이 계속되는 임무의 날들이었다. 애국적인 프리메이슨 회의의 하나인, 쿠바 대표자 회의는 마르티를 받아들였다. 쿠바 대표자회의는 탐빠의 결의안을 논의하고, 그리고 마르티 자신이 직접 작성한 쿠바혁명당의 기초문에 찬성했다. 그리고 당의 법령을 작성하기 위하여 그에게 위임하였다.

쿠바혁명당의 기초문의 첫 논조는 이렇게 말한다. "쿠바혁명당은 쿠바의 완전한 독립과 그리고 푸에르토리코를 돕고 장려하려는 선량한 의지를 가진 모든 사람들의 결합된 노력으로 성취하기 위하여 설립했습니다."[89)]

89) "쿠바혁명당의 기초문", en OC, t.1, p. 279.

쿠바혁명당은, 넓고 관대한 국가를 창출하고자 하는 사람들의 노동과 공명정대에 기반한, 넓고 관대한 국가를 창조할 것을 열망하는 사람들로 된[90]단체였다.

뉴욕으로 돌아오는 여행에서 탐빠를 통과하면서 쿠바애국연맹은 쿠바혁명당의 법규와 기초를 승인했다. 저 두 군데, 탐빠와 까요우에소라는 확고한 해방자들의 거점을 세운 것을 상상하는 기쁨으로 그의 영혼은 만족했다.

그는 뉴욕에서 저쪽 남쪽에서 일어난 혁명적인 열정을 쿠바이민자들에게 말해야 했고, 기운들이 일반적으로 그들은 모두 그다지 충실하지도 않고 그다지 정돈되지도 않은, 대도시에서도 역시 그 열정을 불러 일으켰다. 마르티의 진실성과 정의에 의문을 제기하는 거만하고 악의적인 의심하는 사람들이 적지 않았다. 그러나 그의 희생을 높이 평가할 줄 아는 고귀한 영혼들이 더 많았다. 그에 대한 감탄과 신뢰로 개인적인 험담들과 어떤 사건이라는 비판도 내던져졌다.

뉴욕에 도착한 지 일주일 후, <하드만 홀>의 감동적이고 유명한 연설에서 이민자들 앞에 탐빠와 까요우에소 쿠바인들의 애국적인 행동을 상기했다. 그리고 저 혁명적인 확고한 신념에 대해 경의를 표했다. 그 사례와 열렬한 호소가 결정적이었다. 심지어 가장 열정적이지 않은 사람도 열중하게 하고, 가장 적대적인 사람 마저도 그를 지지하게 만들었다.

---

90) "혁명당에 있는 자마이카의 쿠바인들", en OC, t.2, p. 21

즉시 클럽들이 부활하고 생겨났다. 여기저기 하나가 구성되고, 다른 하나가 태어났다. 그 작업은 전망이 밝은 수확을 준비하고 있었다. 결정된 이 새싹들을 살아있도록 부양해야 했다. 같은 이상과 집중된 노력으로 그들을 지도하고 단결을 유지해야 했다. 이를 위해 마르티는 피곤함을 무릅쓰고 신문 <조국>[91)]을 창간했다. 그것을 위해서 다른 쿠바인들, 께사다, 벤하민 게라, 아베라르도 아그라몬떼 등이 그를 도왔다. 푸에르토리코인 소떼로 피게로아 역시 그들과 함께 했다.

PATRIA

Nueva York, 25 de JUNIO de 1895.

¡INMORTAL!

José Martí

민중정신을 일깨운 신문 '조국'의 비옥한 파종은 도덕적 가치를 고양시켰다.

신문은 "뉴욕의 독립적인 쿠바인과 푸에르토리코인의 자원과 의지로, 서두르지 말고 쉬지 않고, 쿠바와 푸에르토리코의 자유민 조직에 기여하기 위하여"[92)] 탄생했다.

대부분의 글을 마르티가 썼다. 그리고 매주 가장 중요한 사건들도 그랬다. "존중되고 지켜져야 하는, 쿠바혁명당의 기본에 노출되어 있는 그의 이상들"[93)]인 혁명의 목적과 수단, 그리고

91) Patria
92) "우리들의 이상", en OC, t.1, p. 315.
93) "조국"지, en OC, t.1, p. 323.

자유로운 조국의 이데올로기 안에서 진행되었다.

마르티가 쓴 기사들은 <조국>에서 열망하기 위한 혁명의 정치적, 사회적 내용이 어떤 것인지 모두에게, 충분히 명확하게, 설명하고 있다. 독립을 위한 투쟁은 목적이 아니라, 방법이었다. 혁명을 조작하기 위해서는 식민지 체계를 뛰어넘도록 만들어야 했다. <조국>의 기사들은 풍부하고 웅변적이었다. 마르티는 신중함과 독특한 기지로 그 기사들을 썼다. 그러나 그것들로 명확하게 혁명적인 이상과 목적을 겨냥하는 것을 그만두지는 않았다. 여기저기 담겨있는 기사들 속에서 그의 이상은 더 선명해진다.

전쟁은 스페인 사람들에게 대항하는 것이 아닙니다. 스페인의 무능함과 탐욕에 대항하는 것입니다.[94] 쿠바의 적은 틀림없이 쿠바인과 스페인인 사이에 불행한 울타리를 세우기를 은근히 노리는 사람일 것입니다.[95] 쿠바에 반대하는 스페인 사람들의 새로운 전쟁이 아니라, 스페인 사람의 적들에 반대하는 자유를 위한 전쟁입니다.[96]

인류를 분열시키는 모든 것, 그것을 규정하는 모든 것, 그것을 분리하거나 몰아넣는 것은 인류에 대한 죄입니다.(…) 평화는 자연의 공통된 권리를 요구합니다. 자연에 반하는, 차별된 권리는 평화의 적입니

94) "우리들의 이상", en OC, t.1, p. 321.
95) "라 메스치안사" 지, en OC, t.2, p. 171.
96) :탐빠에서, 롤로프", en OC, t.2, p. 27.

다. 고립된 백인은, 흑인을 고립시킵니다. 고립된 흑인은, 백인을 고립시킬 것을 선동합니다.(…) 인류는 백인 이상이고, 물라토 이상이고, 흑인 이상입니다. 쿠바인은 백인 이상이고, 물라토 이상이고, 흑인 이상입니다.(…) 진정한 흑인이나 백인이나 진정한 사람은, 가치의 기쁨으로, 충성심과 다정함으로 서로를 대할 것입니다. 또한 흑인이나 백인이나, 우리가 태어난 땅을 존경하는 그 모든 사람들의 자긍심으로 어울립니다.[97]

독립은 하나의 사건이고, 또 다른 혁명입니다.[98] 진짜 인간은 뿌리를 향합니다. 기본은 뿌리들에게로 가는 것, 그 이상이 아닙니다. 급진주의는 그 깊은 곳에서 사건을 보아야 합니다. 다른 삶들의 행복과 안전을 돕지 않는 사람도 마찬가지입니다.[99]

한 사람이라도 불행한 이를 보는 한 우리가 인간처럼 느껴지지 않는 사람들, 우리 조국의 독립 안에서 불공평이나 불균형 또는 걱정이나 폭정을 원하지 않는 사람들이 여기 있습니다.[100] 노동으로 얽매인 발원지로부터 출연하고 위대한 해방과 함께, 모든 인간들을 향한 자유의 완전한 운동과 함께 자유가 확실하게 남아있는 곳, 마침내 제 시대의 고향이 되어야 할 쿠바를 위해, 불패의 민중의 영혼들과 함께, 해내어야 할 새로운 전쟁으로 인해 일하고 있는 사람들이 여기 있습니다.[101]

---

97) "나의 인종", en OC, t.2, p. 298-299.
98) "불충분한 정치", en OC , t.2, p. 189.
99) "뿌리에게로", en OC, t.2, p. 380.
100) "죽음의 시간", en OC, t.2, p. 250.
101) "이민자들과 봉기" en OC, t.2, p. 434-435.

한 번의 작업으로, 한꺼번에, 우리는 깨끗한 집을 가질 것입니다! 한 번에 모든 일들, 우리를 지배하고 있는 독재자의 필수품과 오늘날 그들이 가지고 있는 것들이 평화롭게 분배 되어질 것입니다.[102] 쿠바에서 미개척된 대지는 넓으며, 그것을 사용하지 않는 사람들로부터 그것을 받아내는, 그것을 사용하는 누구에게나 정의는 분명합니다. 대지의 선량한 시스템과 함께, 잉여 국가의 시초로서 용이한, 쿠바는 선량한 많은 사람을 위한 집과 사회적 문제들을 위한 균형을 가질 것이며, 분쟁과 명분 그 이상의, 기업과 노동으로 되어야 할 공화국의 뿌리를 가질 것입니다….[103]경이로운 자신의 대지에서의 풍요로운 노동과 인류의 융화를 방해하는 불신과 불확실한 삶으로부터, 최종적으로, 쿠바는 구출되어야 합니다.[104]

라틴 아메리카의 신실한 국가 안에, 안틸라스 제도가 있습니다. 만약에 노예가 된다면, 아메리카적인 로마의 단순한 요새로, 이미 영향력을 거부하기 위해 준비한 질투 많고 우월한 세계에 대항하는 제국적인 공화국 전쟁의 단순한 부교가 될 것입니다. 만약 자유로워진다면, -일하고 공평한 자유의 질서에 의해 그렇게 되어야할 위엄으로써- 대륙에서 아직도 위협받고 있는 라틴 아메리카를 위한 독립과 균형된 보장이 될 것입니다. 그리고 북쪽 큰 공화국(미국)에게는 명예의 보증이 될 것입니다. 그는 자신의 작은 이웃들에 대한 야비한 정복 안에서 보다 자신의 영토의- 이미 봉건제도의 불행에 의해, 적대적인 부분으로 나누어진- 발달 안에서, 더 큰 확신을 찾을 것입니다. 안틸라스 제도의

102) "애국의 날", en OC, t.2, p. 282.
103) "쿠바를 위한 혁명당", en OC, t.2, p. 346.
104) "우두머리들에게 회람하다" en OC, t. 4, p. 137.

소유와 같이하는 비인간적인 싸움에서 자유는 세상의 우월로 인한 세계의 권력에 대항하여 열릴 것입니다.[105)]

훌륭한 일이었다. <조국>의 비옥한 파종과 남쪽에 있는 동료들을 향한 마르티의 편지 사이에, 몇 주 만에 모든 것이 갖춰졌다. 1892년 4월 8일, 이민자 클럽들은 마르티를 당의 대표로, 회계관으로 벤하민 J. 게라를 선출했다. 그리고 마르티는 제자인 곤살로 데 께사다를 비서로 임명했다. "쿠바와 푸에르토리코의 바깥에서 안틸라스 제도의 독립을 유지하던 쿠바인들과 푸에르토리코인의 모든 협회들이, 4월 10일, 동시에 일어섰습니다. 쿠바혁명당을 창설한 관리들의 선거에 의한 완전한, 그리고 민중들의 의지로 제정되었음을 선언했습니다."[106)] 쿠바혁명당 선언이 발표되었다.

마르티는 기진맥진했고, 그리고 아팠다. 음모들은 계속 되었다. 국외에서 혁명적인 조직이 만들어진 속도와 세력에 놀란, 쿠바 당국들로부터 중상모략이 더 격화되었다. 그러나 병상에 누운, 마르티는 이미 싹튼 파종과 두려움을 모르는 활기찬 행동으로 희망의 기쁨을 느꼈다. 혁명이 시작된 것이다.

105) "쿠바혁명당 3주년에", en OC, t.3, p. 142.
106) "4월 10일, 쿠바혁명당의 선언"에서, en OC, t.1, p. 387.

18장 · 모두와 함께, 모두의 행복을 위하여

1892년 6월~ 1894년 1월까지

<조국>에서 뿌린 씨앗은 쿠바혁명당의 사상을 확산시켰다. 그 씨앗들이 쿠바와 푸에르토리코 이민사회의 미래를 고스란히 담보할 것이라 믿었다. 그 까닭에 <조국>의 범위는 쿠바를 넘어서고 있었다.

기본 노선에 혁명당의 본질적인 목표를 이렇게 표현하고 있다. "쿠바섬의 절대적인 독립을 달성하기 위하여, 그리고 푸에르토리코를 돕고 일으키기 위하여 전쟁을 배치하고 준비할 것이다." 이는 이 조직의 아메리카적인 소명을 뚜렷하게 보여주었다.

십년전쟁의 실패, 작은 전쟁의 실패, 그 후의 혁명 시도들로 된 정치적 군사적 환경은 호세 마르티에게 귀중한 지식이 되었다. 또한 사회적 반론의 학습이 식민지의 힘을 쉽게 무너뜨릴 수 없었다는 경험은 그를 균형잡게 했다. 그는 자신들의 목적과 조직, 지휘의 방식에 알맞는 혁명의 기구를 창조하는 것이 필요하다는 것을 이해했다. 서로 많은 차이를 가진, 그러나 식민지부터의 독립에는 일치하는 사람들과 함께 존중받아야 할 핵심 인물들, 애국적인 클럽들을 그룹화시켰다.

그 작업은 복합적이었다. 불신과 분열을 야기시켰던 지난 과오들은 극복해내어야 했다. 쿠바혁명위원회를 구성하는 첫 작업에서부터 평등의 도면과 분배 방식의 심의 등 민주주의적인 특성을 강조하면서 진로를 정했다. 다른 지역에 대한 한 지역의 우월성 없이, 다른 클럽에 대한 한 클럽의 우월성 없이, 군중들의 열망을 모으는 보편적인 기획으로, 모든 힘을 하나로 가능하게 할 체제를 존중했다. 그들이 닿아야 할 목표지점이 사회적인 계급이나 어느 개인이나 그룹에 한정될 수 있는 게 아니었다. 그리하여 새로운 기구의 대열에는 상업인들, 노동자들, 생산업자들, 농부들, 전문가들, 군인들 등을 비롯, 식민지의 전횡에 반대하는 모든 출신의 남자와 여자들이 참여하여 하나가 되었다. 이주자들과 그리고 쿠바 국내에서 연계되어 있는 모든 독립주의자들의 단합을 달성하는 것이 중요했다.

"모두의 행복을 위해서, 모두와 함께"는 전쟁을 시작하기 위한 직무에서부터 공화국의 설립을 위한 조건이었고 달성하려는 최종의 목표였다. 혁명당의 구조는 민주주의의 원칙을 따라갔다. 이민자들 속에서 그들의 공식적인 활동을 통치하는 수단은 자유로운 조국의 미래적인 시민을 형성하는 데에 기여해야 했다.

이 해는 이처럼 열렬한 활동으로 출렁이고 있었다. 이민자들은 쿠바혁명당의 창립과 쿠바와 푸에르토리코를 자유롭게 만들려는 계획에 기부했다. 목표 달성을 위해 마르티는 모든 이민자들의 모든 의견을 경청하는 것이 중요하다고 생각했고, 끊임없는 여행을 통해 클럽들 하나하나와 만났다. 가는 곳마다 쿠바혁명당의 목적들 그리고 회원의 권리와 의무를 상세하게 설명했다.

마르티는 기진맥진했고, 그리고 아팠다. 그를 해치려는 음모들 또한 계속되었다. 해외에서 혁명적인 조직이 만들어진 속도와 성격에 놀란 식민지 당국들로부터 분출된 증상들이 더 격화되었다. 그러나 자주 병상에 누우면서도 마르티는 이미 싹이튼 파종과 두려움을 모르는 활기찬 희망을 보면서 깊은 기쁨을 느꼈다. 그랬다. 혁명은 드디어 출발했던 것이다.

6월 1일, 후안 구알베르토 고메스가 경영하는 아바나 신문 <평등>은 마르티의 지칠 줄 모르는 희망과 반인종차별주의를 치하하면서 쿠바혁명당 대표로 그가 선출되었음을 다루었다. 동시에 호세 마르티의 인물평을 발표했다. 6월 7일 히스파노아메리카 문예협회는 문학분과 대표로 마르티가 임명되었음을 알렸다. 6월 29일 마르티는 '쿠바 전투에서 제대한 모든 군인들'을 다시 모아야만 한다는 것을 클럽의 대표들에게 전달하게 된다. '혁명당 군사법령'을 위임받을 최고 지도자가 어떤 사람이 되어야 할 것인지에 관해 투표권을 행사하기 위해서였다.[107]

107) 서간집, t.3, p. 142

몸은 늘 병세를 지니고 있었지만 그는 먼저 핵심인물들이 있는 곳을 한 바퀴 돌기 위하여 남쪽으로 건너갔다. 제일 먼저 탐파로, 거기서 까요우에소, 오칼라, 잭손비예 등을 여행했다. 가장 효과적인 임무와 적절한 조직을 위해 클럽 회장들에게 제시하는 규준들은 마르티가 지닌 리더의 재능을 보여주었고, 그가 제시하는 추천들은 예견의 모범이 되었다. 그 점에서 마르티의 혁명적인 천재성은 존경할만하고 명확하고 뛰어났다. 7월에 들어서면서 미국과 중앙아메리카, 안틸라스 제도 그리고 멕시코에 있는 쿠바 이민자의 다양한 클럽들을 통해 체계적인 행정을 시작했다.

8월엔 많은 선택을 확증했다. 특히 워싱턴을 방문, 비공식적으로 쿠바혁명당의 통신 침해에 대한 개인적 항의를 제기했다. 그리고 미국정부 앞에 스페인 외교대표들이 선동하고 있는 추적을 따돌리려고 노력했다. 그들은 쿠바혁명당이 미국과 친한 스페인에 대항하기 위해 무기를 모으고 전쟁 목적으로 쿠바이민자들을 그룹짓는다고 주장하고 있었다.

8월 17일엔 그가 여행했던 필라델피아에 있는 그의 명예 클럽 이그나시오 아그라몬테에서 제공한 환영회에서 연설하였다. 다음날엔 새로운 전쟁에서 '혁명당 군사법령'를 통솔하고 전쟁을 지휘할 군대 최고대장으로 막시모 고메스 총사령관이 선출되었음을 확인하였다.

이후 마르티의 준비는 위대하고 혁명적이었다. 불확실하고 쇠약한 건강과 가난한 물리적 에너지로, 당시 마르티가 착수한 활동은 인상적이다. 그의 모든 시간이 기금을 모으고 독립의지를 확보하는 데에 몰입되었다. 그의 고뇌들, 환상들, 높디높은 가치로 된 작업들, 그의 용기는 모두 최고의 혁명적인 투쟁으로 압축되었다.

마르티는 자신의 한가운데에 섰다. 이정표는 조국 안에, 희생 안에 있는 믿음이었다. 그 신뢰할 만한 모범적인 안내 활동은 믿을 수 없을 정도였다. 모든 단계에서 자신의 인생을 단순한 소비로 만들지 않았다. 매순간 꿈꾸던 자유로운 조국을 마침내 탄생시키는 순수와 기쁨으로 마르티는 나아가고자 했다. 이민자들이 일으킨 생생한 열정을 유지하고, 또 모든 그룹들의 견고한 연합을 보장하는 것, 그것이 당의 대표로서의 역할이었다.

무엇보다도 쿠바 국내 상황들은 특별히 관리해야 했다. 고립된 반란이 아니라 조국 전체의 반항의지, 거기에서 전쟁은 분출해야 했던 것이다. 거기서 준비하고 있는 모의자들과 굳건한 접촉을 개설하는 것이 필요했다. 쿠바 내에서의 지원자들을 결합하고 또 거기서 몇몇 인내심 없는 사람들이 미친 것처럼 봉기를 일으키는 것을 예방하는 외에도, 외부의 핵심적인 사람들에게 단합을 유지하는 것이 가장 중요했다. 독립군 대장들을 찾아다니면서 공화국을 만들기 위해 뛰어다니는 그의 열정은 날이 갈수록 예리해졌다.

전쟁이 필요했다. 모든 것이 깨끗이 청산되어야 했다. 자신을 위해서가 아니라 다른 사람을 위해서, 아메리카 전체를 위해서였다. 그는 증오를 몰랐다. 16살에 썼던 희곡시 <압달라>[108]에서 조국을 짓밟는 자들에 '증오'라는 단어가 단 한 번 나왔을 뿐, 그는 성장하면서 모든 것을 사랑의 논리로 정화시키고자 했다. 나중에 그는 자신이 준비하고 있는 전쟁을 '사랑의 전쟁'이라고 불렀다. 전쟁 도모에 강력한 도움을 줄 수 있는 유능한 자격이 있는 강인한 당을 만들어야 했다.

본격적인 여행이 시작되었다. 8월 31일 마르티는 안틸라스 제도로 출발했다. 거기 설립되어 있을 이민자들과 재결합하기 위해서였다. 또한 막시모 고메스를 만나야 했다. 고메스와의 사이에 있었던 오래된 차이들은 망각 속에서 많이 지워졌다. 마르티는 그를 늘 생각했다. 군대 지휘의 문제를 이민자들의 표결에 붙였고, 이민자들은 강건한 전쟁조직을 다루어야 할 최고책임자로 막시모 고메스를 선택하지 않았던가. 마르티는 즉시 장군을 방문할 준비를 갖추고 그가 있는 산토도밍고로 향했다.

9월 7일 아이티에 도착, 9월 9일에는 도미니카공화국의 몬테크리스티에 머물렀다. 다음날 말을 타고 라구나 살라다로 향하는 여행에 착수했다. 그렇게 몬테크리스티 외곽에 있는 그렇게 고메스의 집에 도착했다. 문이 열리고, 장군은 두 팔을 여행자에게 펼쳤다. "그는 막 도착한, 세밀하고, 부드러운 그의 두 눈을 영혼으로 느꼈다. 그리고 노인은 긴 침묵 속에서 길손을 다시 포옹했다."[109]

108) Abdala, 작품 속에서 주인공 병사의 이름

109) OC, t.4, p.447~448

그곳에서 마르티는 군의 대대장들과 당의 만장일치된 동의에 의해 해방자 군대의 지휘권을 약속한 공식 서한을 건넸다. "전쟁 수행에 최고사령관으로서 혁명을 도와주십시오"라는, 혁명당의 이름으로 간청하는 문서였다. 이틀 후에 긍정적인 답을 얻었다. 고메스는 짧고 명쾌하게 대답했다. "지금부터 당신은 내 임무로 이야기할 수 있습니다." 두 사람은 마침내 화해했다. 사흘 동안 두 사람 사이에 대화가 계속되었다. 과거의 투쟁과 탐색, 승리의 현실적인 희망, 전쟁의 준비 등이었다. 노인은 차츰 마르티 내면의 관대한 자세와 고결한 영혼을 보았다. 그랬다. 어떤 의문도 불신도 없었다.

여행을 계속하여 18일엔 마르티는 작고 긴 언덕과 사바나를 벗어나, 그를 맞이하고 동행해준 한 훌륭한 도미니카인 헨리케스 카르바할이 있는 수도인 산토도밍고에 도착했다. 계속해서 아이티로, 자메이카로 여행했다. 바다를 통해 바라호나를 가로질러 거기서 육로로 아이티의 수도인 포토 프린스로 향했고, 포토 프린스에서 자메이카 킹스톤으로 가는 배를 탔다. 킹스톤 가까이에 안토니오 마세오의 어머니와 아내가 살고 있었다. 마르티는 두 여성을 방문하기를 원했다. 관심과 헌신으로 그녀들을 기쁘게 할 참이었다. 긴 여행 끝에 10월 12일 안토니오 마세오 총사령관의 어머니와 아내인 마리아나 그라할레스와 마리아 카브랄레스를 각각 만났다. 고메스 장군과 이미 이야기가 된 지금, 아직 코스타리카에 추방되어 있는 마세오를 끌어당길 필요가 있었다.

이 획기적인 여정은 모두 50일이 걸렸고, 19일, 뉴욕에 도착하게 된다. 그 길은 열정을 씨뿌리는 작업이었다. 가는 곳마다 쿠바인의 클럽을 창설했고, 뜨거운 애국심과 애정의 위대한 표현으로 환영받았다. 이민사회는 독립주의자 클럽들로 구성되어 있었고, 쿠바혁명당의 지휘 아래 쿠바 해방을 지지했다. 모두 건실하고 튼튼했다.

시민들만큼이나 많은 군인들, 쿠바 애국자들에게 마르티는 무수한 편지를 썼다. 모두에게 동등한 예의를 지켰다. 계급, 경제력 또는 임무 능력의 구별 없이 모두를 가치 있는 존재로 세우고자 했다. 이미 언급했던 대로 "모두와 함께, 모두의 행복을 향하여"라는 모토 아래 공화국을 꿈꾸고 있었기 때문에 모든 쿠바인은 자발적이고 헌신적이었다.

10월 23일 자신의 최근 여행에 관하여 보고하기 위하여 며칠 뉴욕에 머물렀을 뿐 다시 플로리다를 향한 선전 여행에 착수했다. 11월7일 플로리다로 출발, 이틀 뒤 너무나 열광적으로 환영하는 까요우에소에 도착했다. 까요우에소, 탐파, 오칼라에 있는 담배공장과 클럽들 안에서 회의와 연설들이 계속되었다. 소진된 건강은 고통스러웠다. 가는 곳마다 지방 협의회와 모임을 가졌고, 아이티, 도미니카, 자메이카를 여행한 결과를 나누었다. 공개 행사에서 지속적으로 연설했다. 그는 독립주의 이데올로기를 유포하는 사도였다. 탄약과 무기들을 획득하기 위한 기금을 모금하면서, 조직하면서, 편지를 쓰면서, 생각하면서, 설득시키면서 말이다. 탐파와 까요우에소의 노동자들은 쿠바혁명당의 자산을 늘리기 위하여 한달치 월급에서 하루치 일급을 양도하는 '애국의 날'을 제정했다.

12월 15일, 오칼라에 있는 마리온 오페라하우스에서 모인 많은 미국인과 쿠바인들에게 혁명에 관한 영어 컨퍼런스를 열었다. 세션이 끝날 때, 헨리 리베 클럽은 그에게 명예회원의 직위를 부여했다. 그가 영어 회의를 열었던 오칼라에서는 한 동료가 그에게 프록코트를 빌려주어야 했다. 마르티가 입고 있던 것이 너무 낡아서였다. 직위가 있는 활동에도 불구하고 그의 가난은 여전했던 것이다. 다음날 새벽 자신의 수행자들과 함께 탐빠와 까요우에소를 거쳐 뉴욕으로 돌아온 것은 12월 24일이었다.

1893년에 시작된 임무는 훨씬 더, 책임의 가속적인 리듬과 휴식 없는 엄청난 분주함으로 진행되었다. 하루하루가 목표까지 중단되지 않는 투쟁 자체였다. 하루하루 죽고, 하루하루 살아있는 삶이었다. 태양이 뜰 때마다 자신의 유해를 하나로 끌어모아 일으켜 세우는 그의 일상을 떠올려보라. 그가 실천한 하나하나의 업적은 언제나 새로운 지표가 되었고, 열정을 위한 디딤돌이 되었다. 정신적 가치와 함께 물리적 준비에 매달려야 했던 그는 그만큼 고독하고 고통스러운 투쟁 속에 있었다. 그리고 고통은 모든 부분에서 그에게 선지자적인 면모를 갖게 했다.

1월 15일, 쿠바에서 그리고 뉴욕 이민자들에게 혁명적인 상황을 분석하면서 하드만 홀에서 연설하고 여행 결과를 보고했다. 시간이 되었을 때를 위하여 자원을 축적하는 것과 전쟁의 장비와 구성요소를 갖춰나가는 것이 절실했다. 스페인 식민주의에 대항하는 전쟁은 공개적인 지배를 받지 않기 위해 '혁명당의 작은 부대'로 구체화해야 했다. 또한 비밀스럽게 전개되어야 했다. 막시모 고메스 대장군이 이것을 지휘했다. 그와 함께 마르티는 쿠바섬 외부의 힘들을 조직했다. 밀사들을 통해, 각 분파 지도자이 제시한 진로들과 존경하는 모의자들을 통합할 그물을 짜는 일이 필요했다. 그를 위해 각 지역마다 거점들을 세웠다. 혁명의 세력과 행동을 결집하고자 적소에 사람들을 배치했다.

동일한 목적을 가진 클럽조직들, 전쟁의 장비를 빠르게 갖추기 위한 이민자들의 지속적인 헌신과 결의, 비방과 배신에 대한 전투적인 경계의 태도와 끊임없는 감시…. 이 모든 것에 마르티는 세심해야 했다. 해야할 업무들과 세부내용에 어떤 불안이나 착오도 남아있지 않도록 모든 것을 확인하고 배려하며 접근해야 했다.

쿠바혁명당 창설 몇 달 후 많은 쿠바이민자들과 다양한 기회로 만나기 위해 미국의 다른 지역을 향해 쉴 새 없이 여행한 마르티였다. 아무리 힘들어도 이 여행은 계속되어야 했다. 탐파와 까요우에소 담배업자들의 사심 없는 기여를 끌어내야 했다. 그런 과정을 통해 미래의 독립전쟁을 구성하기 위한 필요 자금을 확보하는 것이 중요했다. 2월에 뉴욕을 출발, 다시 플로리다로 갔다. 2월 16일 거기서도 이민온 노동자들마다 그의 일급을 양도하는 '애국의 날'을 제정했다. 일주일 후 까요우에소에 도착했다. 며칠 뒤 혁명당이 직면하고 있는 경제적 필요에 관해 까요우에소 클럽의 회원들에게 연설했다. 회원들은 그 응답으로 재무국의 지금을 증가시킬 자신의 의지를 표명했다.

7월 1일 마르티는 마세오를 방문했다. 마세오의 민감하고 자존심 강한 개성을 감안할 때. 마르티의 임무는 쉽지 않았다. 그러나 마르티는 그 고귀한 물라토인에게 건넬 옛친구 고메스의 편지를 가지고 있었다. 새로운 전쟁에서 일익을 담당하도록 초청하는 편지였다. 고메스의 편지와 함께, 마르티의 풍요로운 충심은 결정적으로 마세오를 감동시켰다. 마르티는 고메스에게 그 호의적인 결과를 편지로 나눌 수 있었다.

마세오는 즉시 동부지역의 전투동료들과 연계될 수 있도록 연락을 제공하였다. 그리고 준비되고 선택된 베테랑 몇 명과 함께 코스타리카에서 출발하는 원정대를 조직하였다. 그의 동생 호세, 플로르 크롬베트, 아구스틴 세브레코, 그리고 몇 사람 더 있었다. 쿠바혁명당은 배와 필요한 돈을 공급해야 했다. 이 나라에서 미국에 돌아갈 7월 8일까지 체류하게 된다.

코스타리카를 떠나기 전, 마르티는 학생들의 요청에 따라 로스쿨에서 강의를 했다. 창백한 얼굴로 약간 휘청거리며 마르티는 강의실에 들어섰다. 아팠던 것이다. <아메리카의 장래>에 대한 그의 강연은 두 시간이나 계속되었다. 그의 논리 중 하나는 쿠바의 이유는 동시에 모든 라틴 민족들의 이유라는 것이었다. 이 사상은 뉴욕에 도착한 후 <조국>의 논설에서 더 구체화되게 된다. "분명히, 쿠바와 푸에르토리코의 두 땅은, 대륙에 있는 히스파노아메리카 가족이라는 결정적인 특성, 독립, 안전을 위해 필수적인 것입니다. 그곳은 영어를 사용하는 이웃 사람들이 북쪽 전역을 지협으로 폐쇄하기 위해 안틸라스 제도의 자물쇠를 탐내고, 나중에 남미를 향해 그 모든 무게로 조여맬 것입니다. 우리 아메리카가 자유를 원한다면 쿠바와 푸에르토리코를 해방시켜야 합니다. 하지만 우리 가족 스스로의 관심사는 무엇입니까?"[110]

그는 다시 한 번 아메리카에서 이미 활동 중인 미국 제국주의의 위험을 명쾌한 도식으로 그려내었던 것이다. 다음은 8월 19일자 <조국>에 발표한 글이다.

이방인의 땅에서 더 고통스러운 동안, 나의 땅은, 갑작스럽게, 정복자에 의해 더 많은 노동을 해야 했다. 북쪽(미국)은 부당하고 탐욕스러우니 (…) 여기선 한쪽에서는 부자들이 겹겹이 쌓이고, 다른 한쪽에서는 절망하는 사람들이 겹겹이 쌓인다. 북쪽은 닫혔고, 증오로 가득 차 있으니, 북쪽으로부터 벗어나야 한다. 이 불확실한 망명이 끝나기 시작한 그 어느 때보다도 오늘날, 조국을 정복하는 것이 절실하다. 구름을 향할 것이 아니라, 태양을 향하여. 일시적인 대책이 아니라, 지속적인 유일한 대책을 위하여. 추방의 고뇌을 위해서가 아닌, 얼마 안 되는 자선의 슬픔에게도 아닌, 태어난 영토의 권위에 기대야 한다. 때로 불가능할지라도. 단 한 번뿐인 조국을. 자유로운 조국이여![111]

110) OC, t.2, p.373.「또다른 협의기관」

111) O.C t.2, p.367-368.「La crisis y el Partido Revolucionario Cubano」, <조국>, 뉴욕, 1893. 8. 19.

이 단계에 이르러 마르티는 전쟁의 구성에 집중하고 있다. 무엇보다 이민자들의 연대를 달성해야 했다. 이를 위해 쿠바와 푸에르토리코를 해방하는 일의 필요성, 미국과 스페인 아래 있는 이 지역의 관계들, 쿠바혁명당의 임무, 상호 다른 주제들, 피부의 색깔이나 사회적 위치와 무관하게 모든 쿠바인들의 연대 등에 관하여 지속적으로 기사를 썼다.

뉴욕에 돌아와서 조직의 모든 가닥들을 하나하나 단단히 고정시켜가며 매일 확장해나갔다. 신중함을 극단적으로 발휘해야 했다. 스페인은 쿠바를 달래기 위하여 호의적인 어떤 개혁안들을 기획했다. 극렬반동주의자들은 항의했다. 자치주의자들은 그것을 수용하기 위한 내용을 준비했다. 독립주의자들은 어땠을까? 마르티는 스페인의 제안들은 순전히 약속에 불과한 것을 잘 알고 있었다. 때문에 이제는 모든 것을 가속화하고 빠른 행동으로 신속히 나아갈 순간이 되었음을 감지했다. 그렇게 고메스와 이야기했고, 믿을 수 없는 부지런함과 에너지로 방향성을 작동시키고자 했다.

누구든 그가 열심히 오고가는 것을 볼 수 있었다. 플로리다에서 클럽들의 행동을 준비하기 위해, 뉴욕에서 신문 <조국>을 챙기기 위해, 그리고 타오르기 시작한 협력자들을 유지하기 위해 여기저기 편지를 보내는 일로, 쿠바로부터 도착한 투쟁가들과 인터뷰로, 10월 10일, 하드만홀의 연단에서 히스파노아메리카 문학협회에서 볼리바르를 기념하는 일로…. 또한 전쟁 장비를 판매하는 중개인을 다루기 위해 신중히 다녀야 할 만남들이 적지 않았다.

불안한 상황들과 차질로 순탄치 않는 무수한 날들이었다. 마르티가 쿠바의 다양한 지역의 모든 전투대장들과 관련되어 준비 중임에도 불구하고, 그들은 명령이 내려질 때만 착수하도록 경계하고 있음에도 불구하고, 쿠바 국내와 이민사회에 조바심이 들끓기 시작했다. 스페인은 혼돈 중인 사람들의 배신을 선동했고, 반란군을 총살하고자 길에서 그들을 추적하면서 두려움을 뿌리고 있었다. 이민자들은 그러한 상황에 혼란스러워하고 투쟁을 서두르고자 했다. 마르티는 편지로 신문으로, 믿음을 유지하고 선명하게 할 것을, 결정적인 전쟁을 위하여 원정대의 절차를 준비하는 지속적인 설명하고 통지해야 했다. 여기저기 뛰어다니는 그의 여행은 끝이 없었다. 그의 편지 여러 곳에서 말하고 있다. "내가 잤는지도 모르겠습니다. 나는 지쳐 있습니다."[112] "잠도 자지 않고, 먹지도 않고, 숨쉬고 있는, 모든 일에 꿀벌처럼 마음 쓰고 있는, 소진되어가는 한 사람이 여기 있습니다."[113]

그렇게 시작된 책임은 가속적인 리듬과 휴식 없는 엄청난 분주함으로 진행되었다. 수차례의 여행 중에 건강은 좋지 않은 상태에서도 뉴욕을 비롯, 각 지역의 클럽을 독려하는 편지는 계속되었다. 경계와 의지의 당부는 조직의 모든 결들을 단단히 고정

112) "돌로레스 포요에게 ", en OC, t.2, p.407.
113) "페르난도 피게레도에게" en OC, t.2, p.354.

시켰다. 그의 여행은 중독된 헌신이었다. 스페인은 혁명을 두려워했다. 그에 대응할 준비를 했고, 그리고 행동했다. 플로리다에 선동가와 스파이들을 보냈다. 미국의 경제적 위기는 까요우에소에 있는 담배 제조공장들을 폐쇄하도록 종용했다. 스페인 대리점들은 쿠바인 집단의 사기를 저하시키기 위해 이 상황을 이용했다. 마르티는 이 권모술수를 해체하고, 혁명적인 믿음을 이민자들 속에 강화시키기 위해 더 노력해야 했다. 그 엄청난 투쟁 속에 단 하루 친밀한 휴식이 있었으니 페르민 발데스가 뉴욕에 도착한 날인 1894년 1월 28일, 바로 마르티가 41살이 되는 생일이었다.

19장 · 태양을 향해 죽으리라

1894년~1895년 1월까지

쿠바에 대한 호의로 스페인이 약속한 개혁은 약속들로만 남아 있었다. 쿠바에는 불만과 소요가 번지고 있었다. 정부는 폭력으로 대응했다. 분위기는 반역의 심각한 징후로 가득 찼다.

마르티는 군사원정의 배치를 의욕적으로 준비했다. 모든 것이 예비되고 하나로 합치되었다. 기금 모금, 전쟁 무기 획득, 전투원 모집, 아바나에 있는 후안 갈베르토와 각 지방에서 활동하는 대장들과의 연계 등 조금씩 형태를 잡아갔다.

1894년은 호세 마르티에게 특별히 복잡한 한 해였다. 가까워진 새로운 전쟁을 위해 이민자들을 준비시키면서, 미국의 많은 도시를 끊임없이 여행했다. 쿠바의 자유를 확신하는 쿠바 독립 운동가들을 하나로 모으고자 노력하는 일은 더 중대한 책무였다. 마음을 사로잡고 의지를 정복하는 감미로운 갈퀴 같은 편지들이었다. 또한 가는 곳마다 쿠바인들을 납득시키는 연설을 했다. 그의 언어들은 어디서나 수긍이 되었고, 큰 노력의 결과 마침내 단합을 다져나갈 수 있었다.

마르티의 절박한 목표는 탄약과 무기를 사기 위한 기금을 가능한 한 더 확보하는 것이었다. 그리고 마세오와 고메스에게 모든 것을 보고하면서, 쿠바를 공격하기 위해 빠르게 움직일 것을 제안하는 긴 편지를 썼다. 그의 활약은 경계가 없었고 모든 기획에 온 힘을 다하느라 자신을 돌보는 것을 포기했다.

스페인 사람과 미국인들은 쿠바 이민 노동자들을 분열시킬 계획을 꾀했고, 공장에서 충돌을 야기시켰다. 까요우에소에서 파업이 일어났고, 주인들은 파업을 망치기 위해 스페인 노동자들을 찾았다. 이는 폭력적인 대결을 가져왔다. 1월 27일 쿠바혁명당의 기관지 <조국>에 마르티는 이 사태가 스페인과 미국 서로의 이해관계로 엮여 있음을 밝히는 논설 「아, 쿠바!」를 발표했다. 거기에서 까요의 사태들을 분석하면서, 미국인들과 스페인 사람들의 야합이 직접적인 원인임을 폭로한 것이다.

까요인은 쿠바의 가장 빈궁하고 슬픈 사람들로 되어 있다. 거기서 태양을 향해 사랑을 내던진, 안락했던 이런저런 크리올과 함께 말이다. 신실한 까요인이라는 명성을 가져온 거기, 지배와 가난으로, 영혼이 불타버린 후의 한 줌 불씨가 아궁이불 전체가 된 것이다. 타락한 자본 안에 있는 그 하이브리드한 화합물로부터 자신의 죄를 내던졌으니. 삶의 모든 고뇌가 있는, 그 크리올의 콩팥에서, 희망의 모든 숭고함이 분출되었으며, 그곳에서 가난한 사람들의 책임이, 영예로운 우리의 10년 동안 해마다 뛰어난 사람들의 주요 받침대였다. 매일 권위 없는 주인과 해방된 종의 저 융합에서, 노동자의 창조적 테이블에 같은 빵

카요우에소 쿠바 애국자위원회의 구성원들.

을 놓는, 질서 있고 탁월한 공장들로 된 도시는 쿠바적인 우리 영혼의 가르침이나 조언 그 이상으로 등장했으니.(…)[114)]

마르티는 위 글에서 쿠바 이민자들이 도착한 뒤에 번영하고 있는, 까요우에소 인구의 기원에 대하여 언급하고 있다. 아바나에서 온 이 그룹들은 매우 다양한 사회적 출신 성분으로 구성되어 있었다. 대부분 매우 가난했다. 이민의 혹독함은 재화와 돈을 가진 사람이나, 아무 것도 가지지 못한 사람이나 억압받는 조국의 향수 안에서 큰 어려움 없이 잘 섞일 수 있게 했다. 마르티는 까요를 콩팥으로 정의했다. 왜냐하면 그 콩팥은 피의 불순물을 걸러내고, 신체를 순화시키기 때문이었다. 까요는 부정적인 모든 것들을 제거하고, 이민자들을 순화시켰다. 가장 순수한

114) OC. t.3, p.28, 「A Cuba」

자유와 정의의 이상을 옹호했다.

4월 10일, 마르티는 만장일치로 쿠바혁명당의 대표로 재선출되었다. 4월 17일, <조국>은 정책 강령의 특성 작업으로「쿠바혁명당의 제3주년. 혁명의 정신과 아메리카에서의 쿠바의 책무」를 발표했다. 이 논설과 함께 마르티는 향후 작업일정을 설계하는 것 외에도, 그 당시 쿠바혁명당이 실현시킨 작업에 대한 상세한 분석을 했다. 쿠바의 독립이 최우선일 뿐만 아니라, 이 표현 형식은「우리 아메리카」[115]에 이미 내포되어 있는 더 큰 해방 프로젝트의 일부임을 분명히 보여주었다.

혁명당의 3주년에 접어들었다.(…) 쿠바혁명당은 깨달아야 한다. 쿠바와 푸에르토리코의 독립은 양쪽 섬의 거주민들에게 공정한 노동 안에서 자유로운 인간의 품격이 있는 복지를 확보하기 위한 유일한 방법이다. 그뿐만이 아니라, 자유로운 안틸라스 섬들과 아메리카의 위태로운 독립을 지키기 위하여, 그리고 미공화국의 위엄을 지키기 위하여서도 필수불가결한 역사적인 사건이다.[116]

위는 쿠바혁명당이 형성한 개념 그 자체를 강조하며, 미래의 공화국이 가져야 할 민주주의적 성격을 언급하고 있다. 모든 시민은 동등한 권리를 가져야 하고, 그리고 정치적인 당은 그의 민중에 대한 서비스를 위하여 존재해야 하며, 그 반대로가 아니

115) Nuestra Americana
116) O.C t,3 p143.「쿠바혁명당의 3주년」. <조국>, 뉴욕, 1894년, 4월 17일.

다. 그가 정직한 인물이고 정치에 헌신하고자하는 사람이라면 개인적인 이익을 희생해야 하고 다른 사람들을 섬기는 데에 자신을 바쳐야 한다. 마르티는 승리와 미래 공화국의 강화를 위해 지극히 중요한 이 응집력을 유지하기 위해 노력해야 했다. 주목할만한 점은 현재를 중요하게 평가하면서도 미래를 에너지로 삼는 마르티의 선견지명이 강렬하다는 것이다.

도시에서 도시로, 마르티는 쉬임없이 여행했다. 담배공장들의 노동자들과 혁명적인 클럽들과 쿠바 독립의 이상을 지원하는 무수한 사람들을 끊임없이 재결합시키고, 격려해야 했다. 그의 임무수행의 능력과 활동은 매우 놀라웠고 그 명성은 새로운 전쟁의 조직자로 확고부동한 지도자로 그를 변화시켰다.

전쟁 착수 계획은 하나씩 마세오와도 동의되어 갔다. 혁명당이 제공하게 될 배와 군비와 함께 그의 동생 호세, 플로르 크롬베트 그리고 세브레코를 대장으로 마세오를 동행한 원정대가 코스타리카에서 출발할 것이었다. 고메스는 4월 21일 도미니카 공화국으로 돌아갔다. 마르티와 동행시키기 위하여 자신의 아들 판치토를 뉴욕에 남겨두었다. 이 용감하고 기품있는 젊은이와 마르티는 이내 아들과 아버지 같은 애정으로 묶였다. 두 사람은 먼저 플로리다로 함께 선전하러 나섰는데, 나중에는 코스타리카 여행에도 판치토와 동행하게 된다.

잭슨빌과 탐빠를 거쳐 5월 15일 까요우에소 부두에 도착, 두 사람은 환영을 받았다. 이 날 미국 노동자위원회는 쿠바인들 사이에 발생한 차이점을 해결하기 위해 그에게 중재를 요청했다.

문제에 관해 직접적인 태도는 취하지 않았지만, 단합을 위한 쪽으로 기운 그의 자세는 분쟁 해결에 유리하였다. 다음날 조직협의회[117]를 요청, 소집하고 특별회의를 주선하였다. 거기서 지속적인 모의 작업으로 인해 쿠바에서 생긴 위험한 상황 앞에 당이 경계해야 할 것을 표명했다. 혁명당의 재무부를 위하여 기부한 입당자들은 현실적인 필요에 따라 자신들의 제공을 효과적으로 실행할 것을 당부했다. 목적한 바 전쟁을 위한 무기 및 기타 물품 구입을 위해 돈을 모금하는 것이 점점 절실해지고 있었다.

5월 26일, 그는 쿠바인 동호회에서 개최한 대중회의에 참석, 엄청난 군중에게 연설했다. 행사가 끝났을 때 민중은 쿠바 국기를 앞세우고, 클럽들의 깃발 및 음악밴드와 현수막을 앞세우고, 기차역까지 환송하였다. 그는 밤 8시 기차로 출발하여 잭슨빌과 와이크로스를 차례로 방문하고 29일, 뉴올리언스에 도착하였다. 30, 31일 양일간 마르티는 쿠바의 외부와 내부의 수취인들을 위한 50통 이상의 편지와 지시노트를 써야 했다. 대부분은 다음을 위한 행동과 경제적 협력을 간청하는 것들이었다. 5월 31일 날이 저물 때 마르티는 코스타리카행 증기선 '알베르트 두모이스'호 선상에 서 있었다.

6월 5일, 두 사람은 그동안 지속적으로 대화해왔던 코스타리카의 장군 아구스틴 세브레코가 기다리는 푸에르토 리몽에 도착했다. 기차를 타고 수도를 향해 여행을 계속했다. 세브레코

117) Cuerpo de Consejo

장군은 모인(Moins)에 남아있었다. 7일 산호세에 도착, 카르타고 역에서 엔리케 로이나스, 파트리시오 코로나, 알베르토 보익스[118] 및 다른 쿠바인을 동반하고 그들을 맞이하는 안토니오 마세오 장군의 손을 잡았다. 마르티와 판치토는 중앙아메리카의 이 작은 나라에서 6월 18일까지 체류했다. 그동안 극적으로 만난 마세오와 지속적인 논의를 유지했다. 십년전쟁에서 가장 권위 있고 용감한 지휘관 중 하나인 마세오 장군은 새로운 전쟁에 적극적으로 참여하고 혁명운동에 가능한 한 많은 사람들을 추가하기로 다짐했다.

그리고 태평양에 닿아 있는 수도인 산호세에서부터 푼타레나스까지, 다양한 도시들로 긴 여정을 가졌다. 가는 곳마다 그들은 쿠바 이민자들과 또한 독립의 대의를 지원하려는 라틴아메리카 사람들과 회합을 가졌다. 플로르 크롬베트[119]와 호세 마세오[120]와 만나 논의를 했고, 에두아르도 포체트, 엔리케 보아스, 그리고 다른 동포들과 라틴아메리카인들과도 자리를 만들었다. 니코야 식민의 감독관들과도 함께했다. 그들로부터 혁명의 이

118) Enrique Loynaz, Patricio Corona, Alberto Boix
119) Flor Crombet(1851-1895), 17세에 십년전쟁에 참여한 군인. 마세오와 갈등이 있었지만, 오랜 우정을 쌓았고, 코스타리카 니코야에 있는 마세오와 가까이 살았다. 그는 1895년 독립전쟁에서 쿠바에 상륙한 직후, 전투에서 죽는다.
120) José Maceo (1849-1896). 19세의 나이에 그는 십년 전쟁에 참여, 대령이 된다. 이후 해외에서 독립을 선언한 쿠바인들이 해방전쟁에 적극적으로 행동한다. Antonio와 함께 Duaba 에 의해 상륙하여 필요한 전쟁을 재개, 쿠바 동부 지역에서 수많은 활동을 지원한다. 마르티, 고메즈와 플레이이타스에 상륙한 용감한 사람들을 만난 그는 4월 25일, 아로요 혼도 (Arroyo Hondo)에서 적의 군대를 이겨, 장군이 된다. 1896년 5월 스페인과의 전투에서, 부상을 입고 사망한다.

유와 출발에 대한 많은 충언을 얻었다.

18일 그들은 파나마로 천천히 여행을 시작했고 몇 시간 후에 도착했다. 그 지역에서 모금을 담당할 책임을 지닌 마누엘 코올레스가 그들을 기다리고 있었다. 그곳 활동가들과 회합을 가진 후, 22일 자메이카로 출발했고, 24일 해가 질 무렵 킹스톤에 도착했다. 고메스에게 실현할 마지막 임무에 대하여 세세한 정보를 편지로 썼다. 세 원정대의 파견과 행동의 개시를 특별히 방해하는 것은 아무 것도 없다고 믿었다.

26일 그들은 뉴욕으로 출발했다. 뉴욕에서도 며칠동안 이사회에 참석하는 등 열정적으로 활동한 후에, 다른 여행을 시작했다. 이번엔 멕시코를 향했다. 날이 갈수록 마르티에게 필요한 기금 획득이 점점 시급하게 닥쳐왔다.

고메스는 마르티가 완수해낸 조직의 거대한 임무 앞에 감동을 느꼈다. 이제 계획을 확신하고 결의를 다지고 돌입해야 했다. 기회가 왔을 때를 위해 산토도밍고에서 출발할 배와 자신의 사람들을 확보하는 것이 중요했다. 세라핀 산체스[121]와 카를로스 롤로프[122]가 지휘하는 다른 원정대는 플로리다에서 산타클라라로 출발할 것이었다. 동부지역으로 습격하게 될 마세오와 플로

121) Serafín Sánchez Valdivia(1846-1896) 쿠바 전쟁영웅. 1895년 전쟁에서 고메스, 마세오와 함께한 주요 지도자 중 한 사람. 진보된 그의 이데올로기, 그의 사상과 행동, 높은 이념적 위상과 정치적 비전을 지닌 사람으로 두드러졌다.

122) Carlos Roloff.(1842-1904) 바르샤바에서 출생한 폴란드 군인이었으나 쿠바로 이주한 후 십년전쟁에 참여, 장군이 되었다. 그는 1892년 Martí가 설립한 쿠바 혁명당과 협력하여 미국에 망명한 쿠바 독립 운동의 활동가로 선전했다.

르 크롬베트는 그의 사람들과 코스타리카에서 승선할 것이었다. 그리고 마지막 원정대의 세부항목들을 합의하기 위하여, 마르티는 마세오와 회담을 가져야 했다.

7월 18일 자정에 마르티 혼자 멕시코에 도착, 호텔에 짐을 풀었다. 다음날 갑작스럽게 그가 가장 사랑하는 친구, 멕시코인 마누엘 메르카도의 집을 방문했다. 그의 가족과 재회하고, 자신의 소신을 말했다. 아! 사랑했던 땅에서 되살아나는 청춘의 기억들이라니. 이젠 거의 형제간이 된 마누엘 메르카도의 집을 방문한 것과 그 집에서 살았던 날들과 그 가족과의 관계는 나중에 메르카도의 자녀들에 의해 기억되고 있다. 그들은 압도적인 관심과 애정, 학식과 지성을 가진 저 비범한 사람을 향한 깊은 인상을 간직하고 있었다.

마누엘 메르카도는 시정의 비서관 보좌의 책무를 맡고 있었다. 멕시코에 체류하는 며칠 동안 그는 친구와 고명한 사람들, 국가 활동에 영향을 미친 사람들과 인터뷰를 가졌다.

과로한 여행으로 인해 그는 독감에 걸렸고 침대에 누워야 했다. 의사 레히노 곤살레스가 그를 돌보았다. 메르카도와 그 가족의 요청에 따라 숙소를 옮기고 메르카도의 아들인 알폰소의 회사에서 도시를 둘러보게 된다. 침대에서 쉬면서도 이민자들 그리고 관련 당국과 함께 다양한 직무들을 실행했다.

25일 저녁 7시, 그는 베라크루즈에 도착했다. 유카탄 사람인 시인 호세 페온 콘트레라스가 그를 맞이했다. 마르티는 쿠바 의사인 마누엘 J. 카브레라의 집에서 무장세력과 공동협력자 그룹과 회합을 가졌다. 마누엘은 막시모 고메스 클럽의 본거지인 라 메르세드(La Merced) 수도원의 교수회를 맡고 있었다.

수도로 돌아온 마르티는 다시 디아스에게 편지를 썼다. 23일의 청원이 그에게 승인된 것은 26일 목요일이었고, 그 약속은 그가 부재하는 동안이었던 것이다. 8월 1일 아마도 대통령과 인터뷰를 가졌을 것으로 추정된다. 쿠바독립의 동기에 대한 공감과 도덕적 도움을 얻었을지 몰라도, 혁명의 대의에 중요한 경제적 도움을 얻은 것 같지는 않다. 이후에는 베라크루즈에서처럼 수도에서 많은 여러 지성인들과 쿠바인 친구들을 만나며 동의를 얻어냈다.

8월 중순 그는 뉴욕에 있었다. 9월 초엔 쿠바를 향해 출발해야 하는 세 원정대의 마지막 세부항목들에 마르티는 신경을 쏟았다. 9월 10일엔 마르티시티(Martí City)의 지방자치제가 구성되었다고 연락이 왔다.

9월 22일 10월 중순에 행동하기 위하여 안토니오 마세오 장군에게 준비해야 할 것을 통지했다. 28일에는 쿠바에서 준비된 것들의 상태를 확인하는 것과 집행위원들의 파견을 통해 실행되어야 할 조치를 막시모 고메스 장군에게 전달했다. 마르티는 필라델피아에 있었다. 그리고 이틀 후 쿠바로부터 개인적으로 통신을 받기 위해, 그리고 아바나에 마지막으로 송금한 총액의 엄격한 사용을 확인하기 위하여 그는 플로리다로 향했다. 그즈음 세라핀 산체스와 카를로스 롤로프와 고정적으로 접촉하였고, 그들은 명령해야 할 원정대 그룹의 준비에 대한 관심을 공유하고 있었다. 탐파와 까요우에소, 잭슨빌을 거쳐 뉴욕으로 돌아왔다.

뉴욕으로 돌아오자마자, 쿠바로부터 심상치 않은 뉴스가 들어와 있었다. 혼란스러운 상황이었다. 쿠바에서 모의자들은 당국의 박해에 간신히 저항했고, 궐기 명령을 초조해하며 기다리고 있었다. 여기저기서 지체에 대한 소요가 일어났다. 불신의 표현들과 험담이 생겨났다. 전쟁에 관한 고메스의 명령이 도착하기를 기다릴 뿐이었다.

산티아고데쿠바와 까마구에이에서 간파된 쿠바의 국내 상황은 거기서 우유부단한 멤버들이 전쟁을 무한정 연기하려 시도하고 있다는 것이었다. 뉴욕에서 마르티는 적들의 그물망에 관하여 마세오 장군에게 편지를 썼다. 적들은 확고한 연결을 교란시키고 적대감을 조성하며 계획 실현을 엉키게 만들고자 계속 논의했다. 12월 초에는 고메스 장군의 대리로 공인된 호세 마리아 로드리게스[123] 대령을 만났다. 8일, 마르티는 장군의 이름으로, 그리고 쿠바 국내 모의자들의 대표를 떠맡은 코야소의 이름으로, 마이아 로드리게스와 함께 서명한 봉기 계획을 작성했다. 그것을 후안 갈베르토에게 보냈다.

12월 10일 마르티는 D.E.만텔이란 가명으로 뉴욕 데니스 호텔에 머무르고 있었다. 그곳에서 그는 페르난디나의 상인인, 원정대를 위한 배를 책임지게 될 나다니엘 B. 보든을 영접했다. 벤하민 게라에게 수입자 은행과 트레이더 국립은행 계좌에 E. 만텔이라는 이름으로 각각 4,500페소, 5,500페소의 예금을 개설할 것을 요청했다. 12월 16일, 무기 구입 품목으로 1,200페소를 지불했다.

마르티는 쿠바 대령인 페르난도 로페스 케랄타 대령의 끈질긴 요청을 승낙했다. 모의에 관한 계략들이 발견되는 것을 예방하기 위한 몇 가지 조치가 있었고, 그리고 지체없이 계획이 수행되기에 이르렀다. 최대의 신중함으로 자신의 노선을 위반하면서 로페스 케랄타는 산체스와 롤로프의 원정대와 분리되었다. 그러나 무기의 일부분을 가지고 있는 케랄타는 군대 물품처럼 화물을 신고하면서 뉴욕 기차역으로 보낸다. 위임받은 대리인은 그것들을 모아 신속하게 행동, 다른 방법으로 페르난디나로 보냈다. (이 모든 징후들은 무기 판매업자가 스페인이나 미국 또는 양국 정부의 업무에 대한 스파이로 추정하게 한다) 무기 구입, 탄약 및 전쟁 장비로 4,400페소 이상의 지불을 승인하고, 12월 25일 선박들을 갖추었다. 호세 마리아 대령, 마이아

123) José María Rodríguez Rodríguez (1849-1903). 십년전쟁과 작은 전쟁에도 참여했으며, 산토도밍고에 정착, 다른 쿠바 이민자와의 관계를 강화하다가, 마르티와 고메스와 함께 1895년 전쟁에 뛰어든다.

로드리게즈, 그리고 엔리께 코야소가 뉴욕에 도착했고, 마침내 1894년 말에 모든 것이 준비되었던 것이다.

마르티는 행동하면서 기다렸다. 걱정스러운 열망과 기민함으로 모든 것을 검토했다. '리곤다'호, '아마디스'호, '바라코아'호 세 척의 기선은 잭슨빌에서 가까운 페르난디나의 작은 부두에서, 무기를 싣고 출항할 예정이었다. 의심과 수색을 피하기 위해, 그저 승선이 목적인 것처럼 많은 무기들도 적절하게 위장되어 있었다. 모든 것이 준비되었고, 기다리고 있었다. 마침내 고메스의 명령을 가지고, 호세 마리아 로드리게스 장군이 도착했다. 출발은 1월 중의 어느 하루로 결정될 것이었다. 그렇게 혁명을 위한 일전 태세는 1895년과 함께 타오르기 시작하였다.

계획은 결정되었다. '아마디스'호는 마세오의 원정대가 코스타리카에서 승선할 수 있도록 출발할 것이었다. '바라코아'호로 마르티와 마이야 로드리게스 그리고 코야스가 함께 출발하여 산토도밍고에서 고메스 장군을 태울 것이었다. '리곤다'호는 세라핀 산체스와 카를로스 롤로프가 지휘할 원정대가 고대하고 있는 까요우에소로 갈 것이었다. 세 원정대는 쿠바의 각기 다른 장소로 상륙할 것이었다. 거기에서 기다리던 혁명가들은 원정대와 함께 무기를 들고 기습할 참이었다.

마르티는 희망으로 타올랐다. 자신 인생의 꿈이 실현되기 시작했다. 피곤을 느끼지 않았다. 편지를 쓰고, 배치하고, 모든 것에 마음을 쓰고. 도약을 위해 모든 것을 준비했다. 오! 너무나 많은 고뇌 후의 기쁨이라니. 그러나 누군가의 배신이(로페스 케랄타로 추정된다) 계획을 위험에 빠뜨리고 있었다.

1월 12일, 이미 출항이 가까웠던 '리곤다'호는 오후가 되면서 새로운 압류 등록의 대상이 되고 만다. 재무부 장관의 명령이었다. 선장과 일부 승무원이 체포되지만 승객이었던 존 만텔과 호세 미란다(마누엘 만띠야와 파트리시오 코로나의 익명)는 체포되지 않았다. 그들은 마르티로부터 의뢰받고 있었다. 제각각 중앙아메리카에서의 실행을 가능하게 하고, 그 당시 마세오 장군이 요청한 돈을 가지고 있었다.

마르티에게 더 치명적인 소식이 왔다. '아마디스'호도 미국 당국이 억류해버렸다는 것이다. 누군가가 비열하게 밀고했고, 계획을 실패로 만들었다. 또한 많은 자금을 지불했고 무수한 노력을 들인 무기의 일부도 압수되었다. 쿠바의 역사에서 이 사건이 '페르난디나 전략의 실패'로 알려진 까닭은 라 플로리다 항구의 이름에 기인한다.

다음날 마르티는 잭슨빌에 숨겨져 있는 트래블러 호텔로 자신들의 협력자 몇 명을 소집했다. 엔리케 코야소와 마이야 로드리게스, 샤를레스 에르난데스, 엔리케 로이나스 델 카스티요, 그리고 토마스 코야소와 함께 상황을 분석하기 시작했다. 마르티는 상황을 설명하려고 애를 썼지만 절망적인 제스처와 충혈한 두 눈으로 동지들을 마주볼 수밖에 없었다. 페르난디나의 실패로 인해 마르티는 이성을 잃을 지경이었다. 가만히 한 자리에 앉아있을 수가 없었고, 여기저기 실내를 오가며 몸짓으로 말했고, 괴로워했다. 당신 잘못이 아니라고 달래는 친구들의 포옹도

격려의 말도 어떤 위안이 되지 않았다.

하지만 그들은 주어진 임무를 계속하기로 결정했다. 루벤스가 대표단의 변호사로서 압수 된 무기를 되찾기 위해 합법적인 절차를 밟기로 했다. 쿠바 국내의 혁명가들과 소통할 필요를 느꼈다. 그런 다음에 마누엘 만띠야와 파트리시오 코로나는 함께 뉴욕으로 떠나고, 다른 사람들은 탐파와 까요우에소로 출발하기로 했다. 이날 페르난디나에 '바라코아'호가 도착하지만, 항구 당국은 역시나 어떤 절차도 없이 배를 수색, 압수해버렸다. 세 척의 배가 거의 동시적으로 미국 정부에 붙들려버린 것이다. 경찰과 신문기자들의 포위를 피하면서 페르난디나 계획에 관계했던 자들은 잭슨빌로부터 떠나기에 이르렀다.

페르난디나 계획은 최대의 기밀이었다. 마르티의 친밀한 협력자 몇 사람만이 그것을 알고 있었다. 배들의 몰수에 관해 발표된 신문 뉴스는 서로서로에게 뜻밖이었고 놀라움이었다. 이민사회는 마르티가 구성해낸 저 기획에 대해 상세히 알게 되었고, 오히려 부랴부랴 감탄과 열광을 표현했다. 또한 노동자들의 가난한 공헌을 다시금 인식했다. 조국과 그들 자신의 유익을 위해 활용한 중요한 기금을 누가 배신했을까? 누가 나쁜 말로 지금 마르티의 정직과 애국심을 불신했을까?

이민자들의 의분은 오히려 독립의지를 더 진지하게 만들었다. 쿠바 국내 당국과 자기이익에 빠진 사람들은 그동안의 기개 있는 혁명적인 추진력 앞에, 또 새로운 의분 앞에 질겁하기 시작했다. 이론가 마르티, 단순한 연설가, 환상에 사로잡힌 시인, 미치광이? 그들은 호세 마르티를 무시하고자 애썼지만 치밀하게 준비되었던 독립 에너지와 용기는 생각 밖으로 강렬했던 것이다. 어찌 되었든 저 원정대들은 식민지 당국에게 위협적인 신호였다. 이민자들 속에서, 그리고 쿠바 국내의 혁명적인 사람들 속에서 페르난디나에서 소상하게 밝혀진 전투의 힘과 결단력에 대한 확신과 결의는 오히려 커졌다.

마르티는 즉시 반응했다. 저 힘 있는 비행에 실패 따위가 브레이크를 걸 수 없음을 확신했다. 발사된 혁명 에너지에 맞서는 어떤 어려움도 있을 수 없었다. 앞으로 나아가야 했다. 뒤틀린 계획을 빠르게 다른 것으로 작동시켜야 했다. 쿠바 안에서 약속한 사람들은 어려운 상황에 놓여있었고 봉기의 명령을 초조하게 기다리고 있지 않은가. 아바나로부터 후안 괄베르토 고메스가 암호로 작성한 통신문으로 그렇게 그에게 기다림을 보고했다.

그랬다. 페르난디나의 실패 가운데서 많은 것이 바닥으로 침체되었지만, 결코 가라앉지 않는 것은 혁명에 대한 믿음이었다. 그건 정말 경탄할만한 건축이었다! 쿠바혁명당의 지원과 함께 3년 이내에 마르티는 엄청난 여행을 통해 쿠바 안팎으로 저항적 열의들을 조직하고 연합시키지 않았던가. 그리고 모든 고통과 장애를 뚫고 혁명의 어마어마한 기구를 창조해내지 않았던가. 이미 전쟁은 멈추어질 수가 없었다. 마르티는 즉시 계획을 변경했고, 이 사실을 모든 관계자에게 전달하고 전쟁을 재개하는 새로운 방법을 준비했다.

20장 · 몬테크리스티 선언과 쿠바 플라이타에 도착

1895년 1월~4월까지

1월 28일, 그는 42살이 되었다. 정말 가깝다고 생각되는 친구들이 라몽 L. 미란다 박사의 집으로 그를 방문했다. 그곳은 그가 있는 곳을 찾아내려 애쓰는 양키 요원이나 스페인의 첩자들로부터 그를 숨겨주고 있었다. 다음날 엔리케 코야소와 마이야 로드리게스와 함께 쿠바에서 받은 최신 뉴스, 보고서 및 통신문을 참조하면서 마르티는 봉기 명령을 내리기로 결심했다. 전쟁의 시작을 알리기 위한 봉기의 순서를 작성했다.

쿠바에서의 궐기가 잘 준비되고 잘 진행되도록, 해외에서 매우 적극적이고 지속적인 지원을 받을 수 있음을 보장하는 것이 절대적으로 필요했다. 쿠바혁명당은 전쟁 장비를 축적하고 있었다. 하지만 돈이 필요했다. 마르티는 봉기에 방향을 제시하기 위해 고메스와 함께 어떤 방법으로든 쿠바에 상륙하기로 기획했다. 그리고 코스타리카에서 그의 원정대와 출발할 수 있도록, 남아있는 기금을 마세오에게 보내기로 결정했다. 께사다는 사람들을 준비하고 자원을 모으는 일로 탐파와 까요우에소를 담당하고 남아있도록 배치했다.

결심해야 했다. 다음날 마르티는 쿠바혁명당 대표로 작성한 문서에 서명을 했고, 마이야 로드리게스는 "총사령관으로 명기된 권위와 권한을 가지고"[124] 서명했으며, 코야소는 후자의 권위에 대해 공증했다. 복사본은 산티아고데쿠바에 근거를 둔 기예르모 몬카다 장군, 만사니요에 사는 바르톨로메 마소, 레메디오스에 자리잡은 프란시스코 까리요와 까마구에이에 뿌리를 두고 있는 베테랑 살바도르 시스네로스와 쿠바 국내의 총대표인 후안 갈베르토를 위한 것이었다. 그리고 원본 문서는 후안 데디오스가 까요우에소에서 뉴욕으로 가져갔다.

호세 마르티와 함께 고메스 장군의 대리로 로드리게스가 서명한, 후안 갈베르토에게 맡겨진 그 명령은 쿠바 안에서 서쪽 지역의 모든 그룹까지 전달되었다. 그리고 마르티는 몬테크리스티로 이동을 결정했다.

1월 30일, 마르티는 고메스 장군과의 회담을 위하여 증기선 '아토스'호로 뉴욕을 떠나 산토도밍고로 출발했다. 마이야, 코야소, 마누엘 만티야가 그와 동행했다. 마르티에게는 모든 것을 예견하고, 모든 것을 준비하느라 분주한 업무와 조바심의 날들이었다. 이 사람 저 사람에게 편지를 썼다. 쿠바에 있는 후안 갈베르토에게, 코스타리카에 있는 마세오에게, 자신을 제일 신

124) 서간집, V, 37

뢰하는 협력자들에게, 위대한 희생을 각오할 수 있는 사람들에게…. 그리고 "순수한 손으로 조국을"[125] 일으키기 위해 필요하다면 죽음을 각오한, 모든 것을 희생하는 사람이 가진 엄청난 설득력으로 요청했다.

포르투네섬을 거쳐 2월 6일, 그들은 까보아이티아노에 도착했다. 거기서 그들은 플로리다에 있던 곤살로 데 께사다가 긴급 모금한, 위원회로부터 송금된 2,000페소를 찾을 수 있었다. 황혼에 그들은 몬테크리스티로 향한다. 다음날 몬테크리스티에 있는 고메스의 집에 도착했다. 뒤에서 고통스러워하며 기다렸던, 세부사항들을 보고받을 고메스는 그들을 영접했다. 늙은 인디언같은 노인은 마르티를 포옹했다. 페르난디나의 계획에 대한 설명을 들었고, 곧장 쿠바에 상륙하려는 마르티의 계획도 경청했다. 그러나 극복해야 할 어려움이 많았다. 해안은 감시당하고 있었고, 쿠바 국내에는 스페인인 첩자들이 엄청나게 활동하고 있었다.

2월 11일 마르티, 고메스, 코야소는 장군이 농원을 가지고 있는 라구나살라다를 향해 출발했다. 사마나 만에서 출항할 수 있는지, 출구의 가능성을 조정하기 위해 나선 여행이었다. 여러 갈래로 시도했지만 쉬운 일이 아니었다. 24일 밤 시간에 고메스의 핑카가 있는 몬테크리스티로 돌아와야 했다. 이 왕래에 열흘이 걸렸다. 그들은 원정대를 위한 작은 배 한 척을 얻으려고

125) 파울리나 이 루뻬르또 페드로소에게 쓴 편지, en OC, t.4, p.50.

노력했다.

26일 몬테크리스티에서 마르티는 뉴욕으로부터 전보를 받았다. 쿠바에서 무장 봉기에 일으켰다는, '서부와 동부의 혁명' 소식이었다. 드디어 후안 갈베르또는 24일 봉기를 인가했던 것이다. 그와 동시에 쿠바는 혁명으로 불타올랐다. 오, 위대한 환희여! 그것은 열정 그 자체였다. 마침내 쿠바에는 애국지사들의 열기 속에서 무장봉기와 함께 독립의 함성이 번져갔다. 최후의 독립전쟁이 개시된 것이다. 거의 3년 가까이 집요하고 인내심 있게 일을 진행해왔음에도 불구하고, 배신자들과 스파이들로 얼마나 큰 어려움을 겪어야 했던가. 1895년 2월 24일 봉기로 정점에 달한 쿠바혁명당의 작업을 외신으로 받으면서 마르티는 감격했다. 절대적 독립을 위해 싸움의 새로운 단계에 들어선 쿠바의 민중들이었다.

그 사건은 즉각적이고 단호하게 행동할 것을 마르티에게 요구했다. 마세오는 그의 원정대를 위해 더 많은 돈이 필요했다. 마르티는 마세오 장군에게 그가 요청한 5,000페소를 모으는 것은 불가능하며, 이전에 약속한 2,000페소만 보낼 수 있다고 통지한다. 이런 까닭으로 두 사람은 플로르 크롬베트에게 코스타리카에서 출발하게 될 원정대의 책임을 일임하기로 결론지었다. 고메스는 이 조치에 자신이 동의하고 승인했음을 오래된 전투 동지에게 확언했다.

그러나 모든 열정에 제동을 거는 어떤 그림자가 다가왔다. 혁명당의 금고는 비어 있었다. 쿠바로 들어갈 자금을 획득하기 위해 모든 수단을 총동원해야 했다. 다른 때와 마찬가지로, 3월 1일 다시 판치토와 동행하여, 말을 타고 산토도밍고에 있는 다하본을 향해 출발했다. 2일 판치토는 몬테크리스티로 돌아가고, 마르티는 이미 아이티의 땅이 된 완하민떼, 포트 리베레테과 카보아이티아노 등… 기금을 위해 한 바퀴 돌고자 다시 길 위에 섰다.

도미니카의 베니그노 코로나 장군과 연합하여 계속 아이티를 향했다. 이날 밤에 이들과도 헤어지고, 아이티인의 안내로 계속 갔다. 포트 리베레테[126]에 있는 네프탈리 레예스의 집에서 숙박했고, 다음날은 카보아이티아노에 있는 우피아노 데룬데의 집에서 환대를 받았다. 4일 야간에 바다를 통해 몬테크리스티를 향해 여행했으며 다음날 새벽에 도착, 고메스의 집에서 체류했다. 가는 곳마다 그는 소박하고 선량한 영혼들로부터 받은 애정의 선물에 감동을 느꼈다. 카보에서는 솔직한 우정과 어느 정도 무기에 대한 관대한 도움을 받았다. 절대 필요였다!

이 길 위의 순례와 산토도밍고와 아이티의 마을에서, 마르티는 메모일기를 쓰면서 다녔다. 뉴욕의 가정에서 고독한 마르티를 온화하게 했던 두 소녀 카르미따와 마리아에게도 편지했다. 짧은 기록만이 아니었고 대륙을 여행하면서 쓴 긴 페이지들도 많았다. 그리고 이 일기들은 감동적이었다. 마르티는 그가 본 모든 것들을 쓰면서 갔다. 길에서 출현하는 것, 눈앞에 있는 것,

126) Fort Liberetex

풍경, 나무, 하늘, 바다, 강, 사람들, 아이들, 사물들, 동물들, 색깔들, 움직임들, 소리들…. 모든 것을 스케치했다. 하나도 남김없이, 보고 사랑한 그 세계 모두를 꼼꼼하게 그림처럼 묘사했다. 다시는 서로를 보지 못할 것임을 감지했을 때 사물들은 새로운 모습을 보여주지 않는가. 마르티는 깊은 통찰력, 감동적인 부드러움으로, 상세하게 모든 것을 읽어내고 그것을 새롭게 명명했다. 쓰고 있는 언어들은 소박하고, 평범하고, 신실하고, 명확했다. 그리고 충고하는 내용들은 경이로운 순수였다. 짧은 문장들로도 열정적인 드라마를 표현했다. 여섯 단어로 모든 풍경을 생생하게 했고, 각 구절마다에 대지와 그리고 인간들과의 부드러운 공유가 있었다. 쿠바의 시인 호세 레사마 리마는 "마르티의 일기는 '쿠바인에 의해 쓰여진 가장 위대한 시들'이며, 부적 같은 책"이라고 말했다.

카보아이티아노에서 돌아왔을 때, 몬테크리스티에서, 구체적인 뉴스를 받았다. 미국에서 도착한 신문들은 봉기를 확신있게 보도하고 있었다.[127] 그리고 고메스 장군과 마르티가 쿠바에 상륙했다고 표현하고 있었다. 이 뉴스가 가질 수 있는 반향은 중요했다. 해방자 캠프에서 정치적 필요성을 구성하는 그의 존재가 가진 관점은 어떤 반론도 할 수 없는 힘을 가지고 있었다. 원정대의 미래 동료들은 받아들여야만 했다. 더이상 생각할 것도, 기

127) 3월 9일 자본의 신문인 Listín Diario는 쿠바에서 마르티와 Gómez 장군이 합류했다고 발표하는 신문 중의 하나인 The New York Herald의 단락을 재인용하여 싣고 있다. 이 뉴스의 반향은 컸다.

다릴 것도 없었다. 모든 것을 준비하고, 쿠바로 출발해야 했다. 최상의 이동 방향을 확보하기 위하여 필요한 모든 편지들을 급히 썼다. 마르티는 당장 출발할 고메스의 중대와 새로운 원정대 기획을 구성했다. 보트를 구입한다면 쿠바까지 여행할 선장과 갑판장을 고용하겠다고 약속한, 몬테크리스티의 중개상인인 J. 폴로네이(Poloney)로부터 '마리존'호를 샀다.

고메스와 함께, 출발 시간을 절박하게 검토했다. 또한 고메스가 살고 있는 몬테크리스티의 집에서, 고메스와 함께 자신의 정치적 이데올로기를 담은 기초문서인 「몬테크리스티 선언」을 작성했다. 마르티와 막시모 고메스가 서명한, 역사적인 문서인 「몬테크리스티 선언」은 쿠바혁명당의 쿠바독립을 향한 선언문이었다. 3월 25일, 마르티와 고메스는 <조국>의 지면에 발표할 예정이었던 몬테크리스티 선언에 해방자 군대의 모든 장군을 대표한 고메스 총사령관과 혁명을 기획한 쿠바혁명당의 대표 자격으로 마르티는 연합하고 서명했다. 이 '선언'에는 전쟁의 독립적인 의식과 그 준비가 담겨 있었다. 증오와 복수가 아닌, 그러나 악덕과 범죄와 비인간성에는 굽히지 않는, 승리 이후의 남다른 특성을 제시했다. 그리고 전쟁의 목적은 쿠바 사회에 모든 요소를 가진 민주주의를 건설하는 것이었다. '선언' 안에 무수한 고상한 가치들이 표명되어 있었다. 그것은 혁명의 응축된 이론이었다.

쿠바로 떠날 시간이 임박했다고 생각한 마르티는 편지를 썼다. 자신의 어머니에게, 카르멘과 마리아 만띠야에게, 곤살로 데 께사다 이 벤하민 게라에게 작별의 편지들을 썼다. 그 편지들의 한 예를 보자. 그 순간의 심각함에도 불구하고 편지에는 이별로 가려진 어조와 함께 애정과 다정함으로 가득차 있다. 소녀들에게는 당당하고 행복하게 살기 위해 해야 할 것들을 말했고, 곤살로 데 께사다에게는 만약 그가 다시 돌아오지 못할 경우, 그가 쓴 모든 것들을 어떻게 해야할 것들인지를 유언처럼 당부하고 있다. 그리고 어머니에게는 이런 감동적인 편지를 썼다.

나의 어머니에게,

오늘은 3월 25일입니다. 긴 여행의 출발 전날에, 어머니를 생각하고 있습니다. 나는 어머니를 생각하지 않은 적이 없습니다. 내 삶의 희생으로 인해, 당신 사랑의 분노로, 아프셨지요. 왜 희생을 사랑하는 삶으로 당신에게서 태어났을까요? 말로는, 할 수 없습니다. 인간의 의무는 더 유용한 곳에 있어야 하는 것입니다. 그러나 어머니의 추억은 나의 늘어나는 절실한 고뇌 속에서 항상 나와 함께합니다. 나의 누이들과 그들 가족에게 포옹을 보냅니다. 아, 정말 내 주변의 모두를 보게 될 어떤 순간이 올 수 있었으면, 행복일진대! 그때부터 애정과 자부심으로 당신에 대해 내가 돌볼 것을. 지금은, 나를 축복해주세요. 그리고 그 작업은 경건함와 순결 없이는 내 마음으로부터 결코 나오지 않을 것이라고 믿습니다. 축복을.

당신의 호세마르티[128] // (…) 진실과 애정은 쓸모없는 것이 아닙니

128) 레오노르 페레스에게 보내는 편지, en E, t.15, p.116.

다. 마음고생을 하지 마세요.[129)]

이 편지는 아들로서의 그의 사랑을, 어머니에 대한 자신의 존경과 자신의 신실함을 표현하고 있다. 왜냐하면 그는 오랫동안 어머니의 소망에 불순종해왔고, 그것을 숨기지 않기 때문이다. 하지만 조국에 헌신하기 위한 위대한 임무 한가운데서도 그는 가장 성스러운 의무와 가족의 애정을 잊지 않았다. 쿠바의 독립을 위해 몸을 바치려는 제 소망을 비록 어머니가 이해하지 않을지라도 그녀를 깊이 사랑했고, 그리고 위험하고 어려운 모든 순간에 그녀를 기억했다. 또한 대녀로 삼았던 마리아 만띠야에게 교육적인 유훈으로 여겨지는 작별의 편지를 썼다.

나의 작은 딸, 머나먼 북쪽, 거기에서 무얼 하고 있는지? 세상의 진실 안에서, 아는 것 안에서, 원하는 일, -원하는 것을 가능하게 하기 위해서 알아야 하는- 자발적으로 원하는 것, 애정을 가지고 원하는 일 안에서 생각하는지? 네 슬픈 어머니 곁에서, 자애로움을 느끼는지? 나중에 -불명예스러운 사람이나 불행한 사람에게 동정심 어린 몇 마디 말로 된, 호감 있는 모습으로 된 기만으로 살아가려는, 사랑들에 대해 이야기하는 여성이 되었을 때, 만나는 사람들과 동등하거나 뛰어나기 위해, 생의 도덕적이고 독립적인 일을 위

---

129) La Habana, Centro de Estudios Martianos』 2004, p. 15. 마르티와 그 어머니와의 관계를 더 잘 이해하기 위해 마를레네 벨라스께스의 저서 『공급자와 단련: 문화적 과정으로서 호세 마르티의 글쓰기』 참조. CIALC-UNAM, México, 2016, pp. 27-36.

한 인생을 준비하고 있는지? 선량한 사람들이 자유를 원할 수 있도록, 선한 사람이 그것을 원할 수 있도록, 나쁜 사람들이 그것을 존중하고, 테이블과 옷차림으로 자신 마음과 아름다움의 자유를 팔 필요가 없도록, 자유롭고 고결한 일 안에서 생각하는지? 그것은 여성 노예들이 -자신을 돌보는 무능력과 무지로 인한 노예- '사랑'이라고 부르는 것들이란다. 사랑은 위대하지. 어느 누구도 그렇게 사랑한 적이 없을 만큼, 나는 나의 어린 딸을 사랑하나니. 사랑은 섬세함이며, 고상한 희망이며, 가치 있는 일이며, 존경이란다.[130)]

시적이며 애정어린 문체로 되어있는 이 편지는 매우 가치가 있으며 아름답다. 독립적인 삶을 위하여 어떻게 준비해야 할 것인지, 그리고 그것은 공부와 정직한 노력을 통해서만 성취된다는 것을 마르티는 14살 청소년에게 조언하고 있다. 진정한 사랑은 여성이 살아가기 위해 종속되어 있는, 사회적 관습에 의해 부과된 결혼의 의미가 아니다. 사랑은 존중을 기본으로 한다. 일할 줄 모르는 여성은 삶을 획득할 수 없음을 강조하고 있다.

서명된 「몬테크리스티 선언」은 인쇄되고 전파되었다. 출발을 위해 더 이상 미룰 것이 없었다. 가치와 용기도 갖추어졌다. 한 고귀한 도미니카 사람 페데리코 엔리께즈 이 까르바할에게 보내는 마르티의 편지에는 이런 구절들이 있었다. "나에게 있어 조국은 결코 승리가 아니라, 고뇌와 의무입니다. (…) 자신을 생각하는 사람은 조국을 사랑하지 않습니다.(…) 나의 유일

---

130) OC t.20, p.216

한 소망은 거기에, 마지막 전사로, 마지막 줄기로 나를 접합시키는 것입니다. 묵묵히, 죽을 것이니. 나에게는 바로 지금입니다."[131]

알고 있는 것을 실천하는 이 전쟁에서 "우리는 진실로 자유를 위해 죽어야 할 것이다. 다른 사람들은 무익한 고통 안에 있는데, 몇 사람을 위해 과도한 즐거움을 보존하려는 핑계에 봉사하는 것은 자유를 위한 것이 아니다."[132] 이미 말한 바 있듯, 마르티에게는 알고 있는 것을 실천하는 것이 바로 자유였다.

하루만에 공화국을 만들 수 없다. 독립을 향한 간단한 전쟁으로는, 쿠바도 거기에 이를 수 없다. 승리는 그 자신의 계속적인 갱신 안에 있고, 무관심과 탐욕 사이, 자유와 교만 사이의 영속적인 투쟁 안에 있다. 인간 종족은 세계의 모든 얼굴에 아직 이르지 못하고 있다.[133]

이러한 사상은 "자유를 지켜야한다는 것을 알게 된, 비천한 사람들의 선행에 자유를 주려고 하는"[134] 목적을 정착시켰다. 또한 조국의 해방과 독립을 위한 투쟁에 착수하는 그 당시의 쿠바인들의 결심을 견고하게 만드는 기둥과 받침대가 되었다. 쿠바 또한 -전에도 늘 그랬듯이- 가장 충심을 지닌 한 사람, 그의

---

131) 페데리코 엔리께즈 이 까르바할에게 보내는 편지, en E, t.5, p.118.
132) O.C, t. 2. p. 255.「Ve,ngo a darte Patria!」, <Patria>, 1893년 3월 14일,
133) O.C, t. 3. p. 304-305. 「이 땅의 가난한 사람들과 함께」, <Patria>, 1894년 10월 24일,
134) O.C, t. 6. p. 312.「호세 돌로레스 뽀요에게」 N.Y, 1897년 11월 29일,

민족을 벼리는 진실한 자였던 저 아름다운 안틸라스인의 매우 긴밀한 결의들을 대지의 정신으로 획득하였다. 이러한 거대한 실천과 행동은 사실 그의 시편마다 간결하게 명시되어 있다.

그건 바로 생명에 대한 헌신, 그 헌신은 행복의 한 방식이었다. 그의 전 생애에 걸친 희생은 조국을 위한 자신의 봉헌물이었다. 그것은 "내 안에서 인류의 복지와 정의를 향해 타오른 사랑입니다."[135] 점점 늘어나는 절실한 고뇌 안에서 이미 그는 최후까지 이끌고가야 하는 절차를 따라, 생애의 꿈을 완수하는 일에 착수했던 것이다.

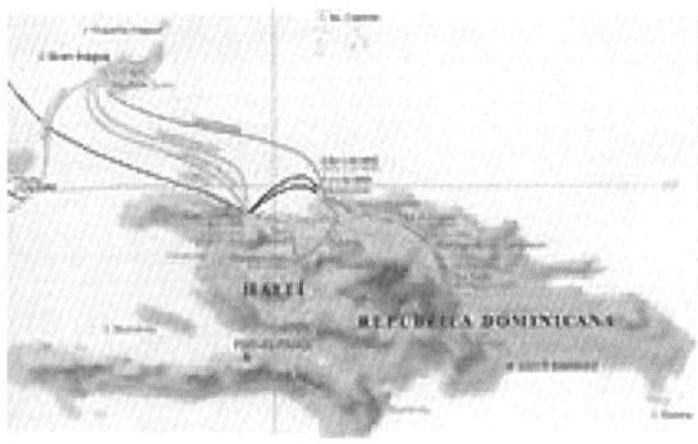

도미니카 섬을 떠나는 것은 어려운 일이었다. 해안은 경계가 삼엄했고, 그리고 대부분 돛배 선원들은 원정대를 태우는 것을 거부했다. 두 혁명가는 그들을 쿠바 땅으로 데려가는 것을 굳게 약속한 존 바스티안 선장의 스쿠터 배를 사기로 결정했다. 엄청난 금액을 주어야 했다.

늦은 시간에 원정대를 이끌고 '아디론다크'호를 타고 코스타리카 푸에르토리몽으로부터 출발한 안토니오 마세오 장군과 플로르 크롬베트 장군은 3월 30일 포르투나섬[136]에서 골레타 '오노르'호[137]에 승선, 이나구아섬을 향했다. 4월 1일 크롬베트가

135) 헤오르헤 잭슨 이 살바도르 에레라에게, en OC, t.3, p.180.
136) Fortune Island
137) la goleta Honor

이끄는 원정대 '오노르'호는 쿠바 두아바에 도착했다. 마세오 장군은 쿠바 대지를 밟자마자 파견단의 대장직을 맡았다.

4월 1일 새벽에, 은밀하게, 고메스와 마르티, 프란시스코 보레로, 세사르 살라스, 앙헬 게라 그리고 도미니카인 흑인 마르코스 델 로사리오가 승선했다. 다른 네 명의 우국지사 그리고 총사령관과 함께 몬테크리스티에서 쿠바를 향해 출발했다. 마르티는 감회가 깊었다. 드디어 조국에 돌아가는 길이었다. 다양한 준비로, 복합적인 좌절과 변이 속에서 드디어 자신을 따르는 독립군 투사들과 함께 진격하기에 이른 것이다. 배는 거친 바다로 나아갔다. 마르티는 아들에게 마음 급한, 짧은 글을 썼다. 아들에게 보내는 마지막 편지였고, 그건 유언과도 같았다. 아들에게 남길 거라고는 회중시계줄뿐이었다. 짧지만 마르티의 절박한 심정이 고스란히 담긴 글이었다.

아들, 오늘 밤 나는 쿠바에 간다. 네가 내 곁에 있어주어야 할 때 나는 너 없이 떠나는구나. 떠나면서 너를 생각한다. 내가 이 길에서 죽는다면 네 아버지가 일상에서 사용하던 회중시계줄을 이 편지와 함께 받게 될 것이다. 안녕. 올곧은 사람이 되어라.[138]

다음날 마르티와 고메스는 이나구아섬에 도착했다. 새벽 내내 쿠바는 희미하게 보였다. 동틀 무렵 그들은 배에서 내렸다. 그러나 몇 시간 전에 배에서 내렸던 바스티안 선장은 계속 항해하

---

138) O.C, t.20. p.480, 1895sus 4월 1일.

기를 거부하면서 그들을 배신하고 만다. 그들에게는 충직한 요리사인 투르카스 아콤파냐도 데 살라스 섬에서 온 선량한 다비드만이 남았다. 그러나 선원 없이는 출발할 수 없었다. 상황은 악화되었다. 그들은 밀고될 수 있었다. 무엇을 할 것인가?

마침 독일증기선 '노드스트랜드'호가 목재를 하역하기 위해 이구아나 항에 도착하고 있었다. 오후에 쿠바에 공감하는 아이티의 영사 바르베스가 '노드스트랜드'의 함장을 마르티를 소개했다. 그 증기선은 카보아이티아노를 들러야 했고, 다시 카보아이티아노에서 자메이카의 푸에르토안토니오로 횡단하는 여정이었다. 마르티는 함장에게 탑승객으로 태웠다가 마이시(Maisí) 부근에서 자신들을 내려줄 것을 납득시키고자 했다. 처음엔 거절되었다. 선원이 스페인 식민주의에 대항하는 전투원들에게 공감한다는 것을 알게 된 후, 마르티는 임무의 중대성을 함장에게 다시 밝혔다. 또한 위험에 대한 보상으로 500페소를 제공하고 침묵을 보장받았다.

그들은 가짜 여권을 갖추고 '노드스트랜드'호에 승선했다. 이제 배는 카보아이티아노에 들렀다가 그들을 직접적으로 쿠바 해안 가까이 내려줄 것이었다. 거기서부터 구입해두었던 배로 상륙할 수 있을 것이었다. 6일 정오 이후 카보아이티아노에 도착했다. 억수 같은 빗속에서 그들은 비밀리에 하선했다. 선장이 다시 출발을 알릴 때까지 숨어 있어야 했다. 며칠 뒤 배는 다시 이나구아를 향해 닻을 올렸다. 배는 이나구아에 들렀다가 쿠바 해안 뒤쪽을 통해 자메이카를 향할 것이었다. 11일 새벽에 이나구아의 매튜타운[139]에 도착, 아침을 맞이했다. 추적을 당하는 매순간에 '노드스트랜드'는 긴밀히 피해갔다.

오후 5시, 이제는 쿠바의 산들과 마이시 곶의 등대가 희미하게 나타났다. 8시, 어두운 밤에 증기선은 진로를 바꾸어 나아가다가 남쪽 해안에서 수 마일 떨어진 곳에 멈추었다. 소나기와 험악한 풍랑이 있었다. 보트를 물 위에 내렸다. 부딪친 파도는 배를 뒤흔들었다. 집중호우 한가운데였다. 위험 앞에서 선장은 망설였다. 하지만 고메스는 명령했다. "상륙하라!" 무기와 식량을 챙겨 5명이 내렸다. 몇 사람이 노를 붙들었고, 고메스는 키를 잡았다. 보트는 심하게 흔들리면서 '노드스트랜드'로부터 분리되었다. 그리고 독일증기선은 멀어져갔다. 그 뒤는 더 절망적이었다. 사정없는 풍랑 한가운데 놓였다. 파도의 충돌이 키를 뿌리채 뽑아버렸다. 방향타까지 잃어버린 것이다. 뒤쪽에 있는 노가 방향타 역할을 했다. 그러나 보트는 해류에 끌려갔다. 칠흑 같은 밤이었다. 소나기는 그치지 않았다.

한 시간 이상을 그렇게 방향도 없이 전진했다. 마르티는 고통스런 손으로, 그러나 확고한 에너지로, 뱃머리에서 노를 저었다. 마침내 멀리서 몇몇 불빛들이 보였다. 그 불빛을 향하여 나아갔다. 노젓는 사람들은 새로운 기운을 모으며 전진했다. 열심히 노를 젓는 동안 비는 차츰 수그러들었다. 바다도 잠잠해

139) Matheu Town

폭풍우 속에서 쿠바를 향하다.

졌다. "구름 아래 달이 붉게 드러났다."[140] 노를 저으면서 두 시간이 지나고 있었다. 점점 해안이 가까워지고 있었다. 정말 쿠바의 해변에 도착한 것이다. 돌투성이 해변에 배를 끌어올렸다. 육지에 뛰어내렸다. 1895년 4월 11일 밤10시가 지나서 현재 관타나모 주 플라이타 해변에 도착한 것이다. 무수한 역경 끝에 발을 딛은 쿠바의 대지였다. 고메스는 무릎을 꿇고 땅에 입을 맞추었다. 마르티는 별들로 가득한 하늘을 보며 넋을 잃은 채 묵상했다.

마르티 일행이 도착한
플라이타 해변.

140) 일기 카보 아이티아노에서 도스 리오까지, en OC, t.19, p.215.

나중에 글에 남겼다. "행복은 우리를 소유하고 사로잡는 유일한 감정이었습니다."141)

각자 무기와 2천 캡슐(총의 뇌관), 배낭과 다른 장비를 가지고 있었다. 여섯 원정대원들은 플라이타스에서부터 짐을 지고 갔다. 숲으로 들어가서 마을 외곽으로 걸었다. 돌과 가시와 수렁길로 된 가파른 오르막 그리고 밀짚으로 만든 오두막이 있었다. 그들은 오두막 근처 땅바닥에서 잠을 잤다.

141) 곤살로 데 께사다와 벤하민 게라에게 쓴 편지, en OC, t.4, p.126.

21장 · 나의 물맷돌은 다윗의 그것이니

1895년 4월에서 5월 19일까지

아침 이른 시간, 눈을 뜬 원정대원들은 한 오두막의 문을 두드렸다. 도움을 요청했다. 처음에 망설이던 오두막 주인이 고메스 장군을 인정하면서, 그들은 훌륭한 환대를 받을 수 있었다. 이어 그들은 쿠바인 곤살로 레이바[142)]의 집에 도착했다. 실베스트레 마르티네스[143)]라는 청년은 후안 라미레스의 동굴로 알려진 타크레 강 가장자리에 있는 -실제로 자연적 처마 양식으로 된 비탈- 옛날 해방군이 '사원'으로 이름을 부쳤다는 한 장소로 그들을 안내했다. 그곳은 하루종일 잠을 자고 쉴 수 있는 곳이었다. 거기서 밤을 새웠다.

거기서부터 황량한 바라코아 지구를 걸어서 행진하기 시작했다. 다음날 아침 바라코아 옆에 있는 펠릭스 루에네스의 게릴라

142) Gonzalo Leyva
143) Silvestre Martínez

와 합치기 위하여 안내자와 함께 출발했다. 마르티 생애 마지막 단계의 모든 개인적 체험들은 두 권으로 된 전장일기 안에 모두 기록되어 있다. 첫 번째는 몬테크리스티에서 카보아이티아노까지, 두 번째는 카보아이티아노에서 도스리오스까지 세세히 묘사해내고 있다. 이 일기 안에 마르티는 그 여정에서 알게 된 조국의 사람들, 남자와 여자들에 관하여, 삶의 방식과 풍습과 관습에 관한 자신의 인상을 그려내었다. 또한 안틸라스 제도의 자연과 접촉한 시인으로서의 그의 감정과 개인적 경험을 종합하고 표현하고 있다. 하지만 무엇보다도 이 책은 너무나도 많은 사랑으로 준비한 전쟁, 꼭 필요한 전쟁 안에 감추어진 세계의 기쁨으로 가득하다. 사랑하는 조국에서 다시 발견하는 세계였다. 공격당할 위험, 죽음의 근접성, 산에서의 고통스러운 일상은 윤리적 숙고나 아름다운 시적 산문으로 쓰여진 단락을 방해할 수 없었다. 일기의 부분들이다.

깨어있는 정신은 잠들기가 어렵다. 아직 해야 할 일이 남아있는 동안, 잠은 잘못이다. 그것은 이탈이다.[144]

가시나무로 우리를 못 박으면서, 불안한 걸음으로, 어두운 자정에 습지와 사막을 건넜다. 팔꿈치로 떼밀면서 우리는 쐐기풀 덤불의 그물눈을 뚫었다. 황량한 공간, 모래땅은 가시돋힌 나무의 더미들로 덮여있다. 벌거벗은 모래는, 별이 없는 하늘에, 수의와 같은 빛을 주었다. 그

144) OC t.19, p.197

것은 녹색을 띤 암흑이었다. 바다로부터 해변으로 몸부림치는 파도소리가 들려왔다. 그리고 소금 냄새를 맡았다. 갑자기, 마지막 쐐기풀에서 -잡았다가 다시 뒤집어지는 것처럼- 거품이 이는 비가 돌풍과 함께 해안에 나타났다. 서서, 무릎까지 오는 헐렁한 반바지, 가슴까지 열린 셔츠, 높은 십자가 같은 팔들, 독수리 같은 머리, 카이제르 수염과 콧수염으로 된, 야레이에 닿은, 고통을 느끼지 않고 나타난, 충분한 식물들과 함께, 하늘 깊숙한, 아이티의 흑인- 인간은 자연의 침묵 속에서 자신의 완전한 아름다움으로 상승한다.[145)]

우쭐거리는 무지는, 그늘 안에 있는 자신의 목소리가 주는 두려움을 은폐하려는, 겁쟁이와 같다. 관용은 우위에 있다는 더 확실한 신호이다. 이유도 목적도 없이 행사된 권위는 진정한 권위의 결여를 보여준다.[146)]

위 글은 숙고하는 목소리와 언어의 아름다움으로 구별된다. 그것들은 마르티 작품의 매우 흥미로운 영역을 구성한다. 마르티는 일기를 중단하지 않았고, 고향땅의 평원에서 쓰고 있는 하루하루의 기록은 전쟁 속에서 삶의 급전에 대한, 인간들에 대한, 풍경에 대한, 그리고 영웅적인 투사에 대한 친밀하고 생생한 섬광과 같은 빠른 메모들이었다. 이보다 더 인간적이고 이보다 더 순수한 전쟁일기는 한 번도 없었다.

허리까지 차오르는 강을 건너고 또 건너고, 언덕을 올라가야

145) OC t.19, p.207
146) OC t.19, p.208

했다. 마르티는 다른 사람들처럼 짐을 지고 있었다. 라이플과 마체떼[147], 그리고 연발 권총 레볼베, 쿠바의 지도를 담은 큰 튜브, 그리고 등에는 자신의 약품 두 아로바[148]와 옷, 해먹과 털이 많은 담요와 책이 담긴 배낭을 매었다. 불가능해 보이는 에너지가 그에게 솟구치고 있었다.

높은 데서 즉석으로 만든 화덕으로 구운 후티아[149]를 시큼한 오렌지에 적셔 먹었다. 후티아는 덤불에서 사냥할 수 있는 작은 설치류 동물이었다. 해방군들이 정글에 있을 때 그것을 사냥해서 많이 먹었다. 신 오렌지 주스, 소금 및 기타 조미료에 요리한 그 고기는 아주 맛있었다.

4월 14일, 아침 5시에 피난처를 떠나 타크레강 쪽으로 건너 사오 데 네헤시할[150]까지 가파른 산을 올라갔다. 그곳에서 해방전쟁의 여러 구성원과 합류하게 된다. 펠릭스 루에네스 게릴라부대가 즉시 왔다. 용감한 사람들과 포옹을 나누었다. 모두 마르티를 돕기 위한 사람들이었다. 그들은 베가바테아에 있는, 언덕 아래, 게릴라부대가 야영하고 있는 미겔 아기레의 임시막사까지 진군했다. 루에네스는 일렬 종대로 군인들을 그들에게 보여주었다. 그들에게 고메스가 말하고, 마르티가 연설했다. 거기서 밤을 보냈다. 어둠이 깔리자 마르티는 야자잎 막사 아래 해

147) 넓고 무겁고 날이 하나인 검보다 짧은 무기
148) 용량 및 중량의 단위. 1 아로바는 11.502 kg
149) Jutia. 산에 사는 작은 설치류. 그 지역에서 식용이기도 했다.
150) Sao de Nejesial

먹을 걸었다. “오! 빛이여, 바람이여, 가슴에 가득하구나, 고뇌의 육신을 가볍게 하는구나!”[151)]

고메스 장군의 도착으로 진영에 있던 모든 군대들이 조직되었다. 펠릭스 루에네스의 군대와 회담한 후에 아로요 카를로스에서 작은 원정대가 머무르는 동안, 고메스 장군은 대장들의 회의에서 호세 마르티가 쿠바혁명당 대표로 이 전쟁에 온 것을 승인함과 동시에, 그의 업무를 고려하여 만장일치로 의견을 모아 그를 독립군의 총사령관으로 임명하기로 결의하였다.

모반의 땅에서 처음으로 새벽에 종려나무의 판대기와 가지들로 만든 즉석 식탁에서 마르티는 ‘자유로운 쿠바’에서 곤살로 데 께사다와 벤하민 게라에게 편지를 썼다. 감동적인 긴 편지에서 가능한 모든 도움을 제공하기 위해 해야 할 일에 대한 조언들 속에서, 그들에게 말했다. “오늘까지 나는 인간을 느껴보지 못했네. 인생 전부를, 내 조국의 사슬을 질질 끌면서 부끄러운 마음으로 살아왔다네.(…) 총지휘관으로 대장들 협의회에서 결의한 건 고메스였네. 동시에 전쟁에서 혁명당의 대표로 나를 인정했네. 만장일치로 나를 해방군 군대의 총사령관으로 특별히 나와 나의 직무를 언급했다네.”[152)] 그 날이 4월 15일이었다.

다음날 일행은 산을 오르고 깊은 강을 건넜다. 장미사과, 오렌지, 까이미토[153)]의 아름답고 가벼운 숲들을 넘었다. 너무나 아

151) 일기 카보 아이티아노에서 도스 리오까지, en OC, t.19, p.216.
152) 곤살로 데 께사다와 벤하민 게라에게 쓴 편지, en OC, t.4, p.125.
153) 중앙 아메리카, 서인도 제도, 콜롬비아 및 베네수엘라의 적철과의 나무

름다운 산기슭 두 군데에 야영지를 만들었다. 거기 사탕수수즙, 꿀, 장미사과로 만든 럼주가 있었다. 그리고 소고기와 바나나, 발효된 사탕수수즙과 잎으로 만든 차, 꿀이 든 달콤한 코코넛자루도 있었다. 밤에는 한 자루 촛불의 빛으로 편지들을 썼다.

잘 지고 간다(…) , 어깨에는 라이플총을 메고, 허리에는 찬 마체떼와 레볼버 큰 권총을, 다른 어깨에는 백 개의 총알이 든 가방과 쿠바의 지도들이 든 큰 튜브를 매었구나.[154)]

위 편지글에 담긴 묘사는 마르티의 행색을 그대로 그려볼 수 있게 한다. 뜨거운 햇빛 속에서 더 많은 산을 올라야 했고, 강을 걸어서 건넜고, 끝없이 걸었다. 밤에는 나무 둥치에서 둥치로 해먹을 걸었다. "아름다운 밤은 잠들게 내버려두지 않았고, 귀뚜라미는 귀를 울렸다. 작은 도마뱀들은 목젖을 떨며 골골거렸다.[155)] 그 합창은 그에게 대답하는 것이었다. (…) 요란한 소리들 속에서, 매우 가는 바이올린 소리처럼 부드럽고 복합적인 야생의 음악을 들었다. 음악은 매듭을 지었다 풀어주고, 날개치고 올랐다가 보금자리에 들고, 아물거리다 높이 치솟고, 항상 상승을 일으키며, 항상 미묘하고 극히 섬세하게 물결졌다."[156)]

---

154) 카르멘 마이레스 데 만띠야와 그의 아들에게 쓴 편지
-1895년 4월 16일, 바라코아 관할지역에서

155) quiquiquea : 마르티의 신조어 또는 사투리. 보호색을 띤 작은 도마뱀이 턱 밑의 목에 있는 혀와 비슷한 빨간색 막을 보이고 숨기는 독특한 움직임. 전문가에 따르면 그 움직임을 방출할 수 없는 도마뱀에 의해 생성된 소리.

156) 일기 카보 아이티아노에서 도스 리오까지, en OC, t.19, p.218.

루에네스 부대와 작별인사를 했다. 원정대들과 멀리 떨어지도록 적을 교란시키기 위해 작전을 시작했다. 바라코아 게릴라 여섯 병사와 함께 그들은 조조 강을 여러 번 건너고, 이 지역에서 가장 높은 파바노 언덕을 올랐다. 다른 꼭대기를 가로지른 후, 그들은 팔마리토 고개에 도달하고, 거기에서 마체떼로 숲을 열어 빈 자리를 찾아 캠프를 쳤다.

삐죽삐죽하고 높은 산맥들로 둘러싸여 있는 돌투성이 산들을 향해, 홋불과 함께 새벽에 출발했다. 산에 정통한 테오도로 델가도와 함께 그들은 팔렌께 산에 올랐다. 바다는 남쪽에 있었다. 높고 낮은 몇몇 종려나무들이 있었다. 어느 집에서 커피를 보내주었고, 나중에 밥을 곁들인 닭고기를 주문하기도 했다. 그들을 추격하기 위해 스페인 군대들이 출발했다는 통지가 도착했다. 그는 일기에 다음과 같이 적고 있다. "한 산사람이 이미아(Imia)로부터 가져온 소식은 우리를 추적하기 위해 적이 호보를 향해 출발했다고 하네."[157]

그즈음 마드리드의 칼릭스토 가르시아 장군은 곤살로 데 께사다에게 편지를 쓰고 있었다. 고통스러운 통증에도 불구하고, 책무를 수행하기 위하여 쿠바에 가고자 하는 열정적이고 새로운 소망을 담긴 내용이었다. “내 사랑하는 마르티의 편지는 나를 열정적으로 만듭니다. 그리고 쿠바에서 그와 포옹할 수 있을 것으로 기대합니다.” 1893년 5월 26일자, 1894년 12월 29일자

157) DCEF(전장일기), 15

편지에도 칼릭스토 장군은 일찍이 마르티의 진정한 조국애와 그의 최선에 감탄하고 있었던 것이다.

마르티는 바지와 파란색 재킷, 검은 모자와 샌들을 착용했다. 오고 있는 적군들과 길을 안내했던 배신자들의 더 많은 소식이 도착했다. 또한 두아바에 내렸던 마세오, 플로르 크롬베트와 세브레코원정대가 용감한 전투를 시작했다고 알려왔다. 게다가 '오노르'호를 타고 도착한 그 원정대원들은 적들에게 추적당했고, 그 전투에서 부상당한 플로르 크롬베트 장군이 죽는 것을 보았다는 소식도 들어왔다. 플로르가 죽었다는 게 정말일까? 그의 고결한 머리가 차가워지다니. 오! "이제 플로르가 없다니!" 마르티에게는 깊은 아픔이 칼날처럼 박혔다. 마드레 비에하의 사바날라마르 강 어귀에서 야영을 했다. 4월 21일이었다.

"협곡을 향해, 아코스타의 산을 향해, (…) 태양에서 태양까지 종일을, 피곤한 길을 끌고 갔다. 위험을 감지한다.(…) 그들은 흔적을 따라 우리를 추적하고 있다."[158]

다음날, 전쟁의 하루. 청정한 산으로, 이미 관타나모의 갈고리 모양 안에 있는 아로요온도로 군대들은 가까워지고 있었다.

마르티 일행은 오래된 산타세실리아 제당공장 부근에 다다를 때까지 행군했고, 밤에는 라 유라구아나 농장에서 야영을 했다. 그날 기록에서 마르티는 표현했다. "팔렌께서부터 위험이 우리 발자국을 바짝 따르고 있음을 느낀다."[159]

---

158) DCEF(전장일기), 15
159) DCEF, 25

그즈음 한때 모험여행가로 잘 알려진 호세 마세오 장군은 보고를 받았다. 그는 페드로 페레스 대령과 빅토리아노 가르손 중령의 부대 지휘를 책임지고 있었다. 스페인 군대가 당시 그들이 진을 쳤던 필리피나로부터 약 12레구아 떨어진, 아로요온도 부근으로 행군 중인 혁명지도자들과 그 부대를 가로막으려 한다는 것이다. 즉시, 파견대를 형성하고 강행군으로 다른 원정대와의 만남을 위해 출발했다.

4월 25일 11시, 마르티의 동지들과 작은 소대가 관타나모 지역으로 나아가고 있을 때 아로요온도 매우 가까운 데서 '강렬한 총질'을 들었다. 지역 일대에서 연발 사격이 일어난 것이다. 가까운 곳에서의 전투였다. 총질이 한참 짙어졌다. 나중에 쿠바인들이 승리했다는 소식이 도착했다. 그들을 구하기 위해 호세 마세오[160]가 그의 군대들과 온 것이다. 지원부대가 적을 퇴각시켰던 것이다. 길 위에서 서로 포옹하며 환호했다. 혁명지도자들은 동부의 대장과 승리한 병사들에게 감사를 표했다. 우연히 합류하게 된 호세 마세오 군대는 부근에서 최선을 위해 싸우고 있었다. 이런 우연한 만남은 승리의 기운으로 일어났다.

호세 마세오는 그들에게 말 한 마리를 선물했다. 상륙했을 때부터 얼마나 필요했던 말이었던가. 엷은 노란색, 거의 흰색인 준마였다. 그 순간부터 모든 행군에 해방군으로서의 남은 날들

160) 안토니오 마세오 장군의 동생

을 마르티는 매일 타고 다니게 된다. 태양이 남아있는 오후 5시부터 자정까지 승리의 행진을 계속했고, 하이보 강가에서 쉬었다. 진지로 귀환했다. 거의 새벽에서야 도착했다. 마르티는 약 자루를 꺼냈다. 새벽 세 시까지 부상자를 치료했다. "새벽 세 시에 빛나는… 사랑스러운 별들이라니!"[161]

다섯 시에 눈을 떴고, 말을 탔다. 햇빛을 향한 긴 행군이 시작되었다. 밤에 마르티는 뉴욕에 그리고 역시 가까운 어디선가 행군하고 있을 안토니오 마세오에게 편지를 썼다. 다음날, 그들은 필리피나에 머물고 있었다. 나흘을 그 진지에 멈추어 있었다. 호세 마세오는 그 큰 몸으로 으스대며 산책했다. 어느 아침, 마르티는 사병들에게 열변을 토했다. 고메스 역시 연설을 한 그 다음 마르티더러 그의 말 위에 오르기를 부탁했다. "대통령 만세!" 해방군들은 외쳤다. 마르티는 더 가슴이 뜨거워졌다.

밤마다 마르티는 편지를 썼다. 모두가 잠들어 있을 때, 밀납 촛불의 빛을 두 무릎 가까이, 땅에 박힌 가시 쪽으로 고정시키고 해먹에 앉았다. 전쟁을 조직하는 임무를 위해, 머나먼 뉴욕에 있는 사랑하는 사람들에게 마음을 보내기 위해서였다. 이 편지들의 어디엔가에서, 그는 썼다. "빛이 이미 내 안에 들어왔고, (…) 그리고 속절없이 추구한 명예를 잊게 하는 평안입니다."[162] "나는 순수하고 가벼운 느낌이 들며, 아이의 평화 같은

161) 카르멘 만띠야에게 보내는 편지, en OC, t.20, p.229.
162) 토마스 에스트라다 팔마에게 보낸 편지, en OC, t.4, p.130.

어떤 것이 내 안에 있음을 느낍니다."[163]

마르티는 대장들을 위한 지시사항들을 작성했다. 완전한 독립이 아닌 조정된 약속으로 전쟁을 혼란시키려 시도하는 사람들을 엄격하게 처벌하라는 명령이 담긴 회람장이었다. 혁명으로 주어질 정부 형태인 의회에 동의하는 쿠바혁명당의 대표들에게 공시하기 위한 편지도 썼다. 미국의 조력자들에게 또한 우체국과 공기관의 업무를 용이하게 하기 위한 편지까지 마르티는 심혈을 기울였다.

그들은 커피농장의 꽃이 만발한 지대로 행진했다. 돌로 지은 기와집들, 그리고 사탕수수와 제당공장의 대지들이 이어지고 있었다. 켄터키 커피농원에서 쉬는 것을 그만 두고 늦은 밤 그들은 레오노르 농장에 도착했다. 산 속에서 쓴 글이다.

신선한 비 위에 태양이 빛난다. 오렌지는 그들의 가벼운 나무에 매달려 있다. 키가 큰 풀은 습기찬 대지를 덮고 있다. 마르고 하얀 줄기는 뿌리에서 푸른 하늘까지, 건너뛰면서, 자르고 있고, 초록 밀림은 정교한 덩굴풀 관목들을 땋고 있구나, 사람의 손과 같은, 동일한 고리의 나선형들이, 높은 데에서 땅으로 떨어지고, 바람을 휘젓는구나, 꾸베이[164] 나무들…[165]

---

163) 까르멘 미야레스 데 만띠야 와 그의 자녀들에게 보내는 편지, en OC, t.20, p.228.

164) Cluseacea 계의, 토착 나무, 강과 개울의 어귀에 많음. 두꺼운 잎, 흰색 또는 분홍색 꽃, 유독한 열매. 단단한 나무.

165) 일기 카보 아이티아노에서 도스 리오까지, en OC, t.19, p.227.

5월 2일 그곳으로 <뉴욕 헤럴드> 신문의 기자가 왔다. 특파원 조지 에우젠 브리슨이 인터뷰를 위해 찾아온 것이다. 새벽 세 시까지 그와 얘기한 후, 마르티는 미국의 일간지에 발표하기 위하여 밤새 성명서를 작성하기 시작했다. 미국 신문에 쿠바 혁명의 목적과 정의를 설명하는 명확하고 긴 기사였다. 그 기사에는 확고하고 현명한 이유가 있었고, 다음과 같은, 깊은 함의를 품은 단어들이 많았다.

오만하거나 또는 허약한 쿠바인들은 (…) 자신의 생산지이자 모태적인 집단에 반대, 그들 소수독재정치 및 무익한 계급에 호의를 가지고 있다. (…) 미국 사람들은(…) 자신의 고향 동포들의 계급, 계급의 지방 권력을 구타하는 방식으로, 그들 안에서 찾을 뿐인 쿠바의 진실로 천박한, 상급 계층에 관한, 무능한 그리고 허세 부리는 소수독재정치에 공범자이다.(…). //(…) 전쟁에 출정하는, 쿠바인들은 인류의 가장 순수한 기쁨인 희생을 위해서, 교양 있는 또는 교육을 받지 못한, 관대한 사람들을 인도하는, 또 희생자들을 위해서, 세계의 빨판상어인 이기주의자를 억제하는, 인간 본성의 일반적인 법칙에 동의하고 몸을 굽힌다."[166)]

안토니오 마세오는 마르티의 부대와 그다지 멀리 있지 않았다. 아직도 그를 만나지 못한 마르티는 만나고픈 자신의 소망을 담아 편지를 보냈다. 마르티 일행은 마세오와 만나기 위해 사모

---

166) 뉴욕 헤랄드에 보내는 편지, en OC, t.4, p.151-160.

라로 가고자 했으나 그는 작전 중이라는 구실로 약 2,000명의 군대가 있는 자신의 캠프로 그들을 인도하지 않았다. 그러나 철거된 제당공장 라 메호라나에서 만나기로 했다. 5일 12시에 만나기로 약속했다.

마르티와 고메스는 모든 힘을 다해 약속에 맞추었다. 5월 5일 호세 마르티, 막시모 고메스, 안토니오 마세오가 라 메호라나 제당공장[167)]으로 모이게 되었다. 마르티는 먼저 가서 기다렸다. 갑자기, 길 위에 몇몇 기수들이 나타났다. "마세오는 눈부신 말을 타고, 회색 네덜란드 복장을 하고 있었다. 별들이 새겨진, 날렵한, 은빛 안장을 이미 갖추고 있었다."[168)] 쓰러져가던 제당공장은 마치 축제 현장처럼 되었다.

라 메호라나에서 회담이 시작되었다. 그 회의에서 세 가지 기본 주제가 다루어졌다. 서쪽 공략을 실현하기 위한 적절한 순간, 군대 명령체계의 분배, 마지막으로 형성될 정부의 특징과 그것을 구성하기 위해 열릴 총회 대의원을 선출하는 방식 등이었다. 책상에서 마세오와 고메스는 낮은 목소리로 토의했다. 서쪽 지역을 침공하는 실행에 대한 생각은 세 명의 혁명 지도자들과 공유되어야 했다. 논의하기 위해 그들은 한 방으로 들어갔지만, 일치하지 않는 몇 가지 논쟁이 발생했다.

곧장 구성해야 하는 정부 형식에 대한 마세오의 관점과 다른

167) El ingenio La Mejorana. 옛 설탕공장의 터. 이 날은 전투일기에서도 빠져 있어 하나의 미스테리로 남아있다.
168) 일기 카보 아이티아노에서 도스 리오까지, en OC, t.19, p.228.

시각이 노출되었다. 대표와 총사령관이 전적으로 공유하고, 이를 공고하려는 결정은 마세오에게는 적당하지 않은 것으로 여겨졌다. 마세오는 전쟁 체계와 구성에 매달려야 할 때, 정부를 급하게 설립하는 것이 필요하다고 생각하지 않았던 것이다. 이 용감한 장군은 모든 것이 동부에 배치되어야 한다고 믿었다. 그리고 자신의 군대가 거의 무장 해제됨에 따라, 전쟁 장비 공급을 추진하기 위해 마르티가 뉴욕으로 움직이는 것이 필요하다고 생각했다. 마세오에게 정부 구성은 시기상조로 생각되었고, 지휘하는 장군들의 회의에서 결정하면 된다고 생각했고, 하급 사무총장들이 거기에 우선 종사하는 것이 옳다고 여겼다.

이러한 구성은 마르티에 의해 거절되었다. 마르티는 대표자들 회의 앞에만 자신의 권위를 위임할 것을 주장했다. 마세오와 마르티의 의견은 서로 팽팽했다. 광범위한 토의가 있었다. 결국 마세오는 혁명의 최고지도자의 기준을 준수하고 그의 명령 하에 지방에 4명의 대의원을 파견하기로 결정했다. 그러나 마르티가 자신의 전쟁일기에서 "이들은 서로 엮이게 할 수 없는 사람들이 될 것이다."[169]라는 언어로 한계를 표현하고 있다.

마침내 섬 전체로 전쟁을 이끄는 데에 합의가 되었다. 마르티와 함께 고메스는 서부를 향하여 침공을 계속할 것이었다. 마세오는 동부에서 군사행동과 전력을 지휘할 것이었다. 그리고 가능할 때 중부에서 그들과 함께 연합하러 올 예정이었다. 오후 4

169) DCEF, 53

시경, 동부의 수장은 어렵게 무장한 작은 호위대만 남아있을 뿐인 고메스와 마르티를 떠났다. 불일치가 발생한 까닭에 작별 인사는 냉랭했다. 마르티 일행은 바나바코아로 알려진 지역에 위치한 진흙투성이 임시막사로 이동, 거기서 밤을 보냈다. 길 위 오두막에서 마르티는 회합의 세부 사항을 기록하고, 이 문장으로 마무리지었다. "그리고 이렇게, 마치 내던져진 것처럼, 슬픈 이상으로, 우리는 잠이 든다.[170]

슬픈 이상이었다! 전쟁을 위해 출발할 때 쓴 한 편지에서 그는 "자신의 임무를 위해 기쁘게 출발하는, 노동자처럼."[171] 느꼈던 감정을 말한 바 있다. 다른 데서도 기쁨으로 기록하고 있다. "이미 많은 기수들이 나를 동행자로 선언했습니다."[172] 나중에 한층 더 그는 말하고 있다. "내 안에서 그것을 봅니다, 오직 전사일 뿐인 것을."[173] 오, 다른 사람들처럼 그리고 전투에서 진군하는 전투병처럼, 전쟁 속을 걸어가는 우직한 자부심이었다. 그의 위대한 영광인, 그 헌신에 대해 어떻게 그를 높이 평가하지 않을 것인가? 민족의 대표자들로 된 회합 앞에, 그가 위임받은 당국조차도 따르길 원했으니, 권력의 허영심을 따라가는 것이 아닌, 조국 해방을 위해 마르티가 기꺼이 희생을 준비했음을 어떻게 모를 것인가? 감동하지 않는 사람들 또는 영혼이 없는

170) 일기 카보 아이티아노에서 도스 리오까지, en OC, t.19, p.229.
171) 베르나르다 고메스 토로에게 쓴 편지, en OC, t.20, p.482.
172) 곤살레스 데 께사다에게 쓴 편지, en OC, t.20, p.498.
173) 안토니오 마세오 장군에게 쓴 편지, en OC, t.4, p.165.

민중을 인도할 수 없다는 것을, 민중을 감동시키는 것이 자신의 임무임을 그는 이미 이해하고 있었다. 오, 정말 그랬다. "내 존재가 사라질 것을 알고 있으니. 그러나 나의 사상은 사라지지 않을 것이라."[174)]

다음날 그들은 새벽 첫 시간에 행군을 계속했다. 그들은 마세오 군대의 전위대와 마주쳤다. 마세오는 마르티, 고메스와 그의 작은 그룹을 온도 마하과보[175)]에 있는 그의 진영에 초대했다. 마르티 일행은 거기 군대들로부터 열광으로 환영받았다. 마세오가 양해를 구했고, 그들은 진심으로 회담을 계속할 수 있었다. 잘 갖춰진 군대의 감동적인 모임이었다. 2시간 후 하구아를 향해 계속 진군하였고, 거기서 밤을 새웠다.

하구아의 대지를 통해, 아또데메디오를 통해, 킨띤 반데라스에 있는 임시 막사에 들어갈 때까지 20킬로를 햇살 속에서 빗속에서 행진했다. 거기, 그 빈약한 대지에서 편지를 쓰고, 정돈하기 위하여 이틀을 머물렀다. 반데라스에 작별을 하고, 진흙투성이 들판을 지나는 길로 바라구아의 사바나로, 그리고 까우또강이 보이는 곳으로부터 언덕에 올랐다. 사랑하는 강쪽으로, 친구의 집에서 알타그라시아까지, 태양은 부드러웠다. 선명한 숲으로 된, 잔디로 된 풍경을 가로질렀다. 그들은 고메스 장군의

174) 마누엘 메르카도에게 보낸 편지, en OC, t.20, p.163.
175) Hondon de Majaguabo

친구인 마뉴엘 베네로의 집에서 밤을 보냈다. 거기에, 올긴 군대, 미로 아르헨테르 대령과 그의 부대들이 회담을 위하여, 그리고 명령과 지시를 받기 위하여 왔다. 적을 공격하는 것, 도시로부터 끌어내는 것, 들판으로 추격하는 것, 호위대를 추적하는 것 등이었다. 그들은 바르톨로메 마소[176] 장군의 소식을 기다렸다. 5월 10일 미로의 동반자들과 그의 부대원들은 알타그라시아에서 트라베시아까지 마르티 일행과 함께 행진했다. 알타그라시아에서 트라베시아와 하티아까지 20킬로였다. 부유한 스페인 사람의 집이 버려져 있었다. 거기서 마르티는 마세오 장군과 바르톨로메 마소 장군에게 편지를 썼다. 내용은 그의 군대들과 함께 사바나를 가로질러 행군하라는 것이었다. 그러나 그들은 오지 않았다!

강가의 일꾼들과 들판에서 일하는 남자들이 합류했다. 떠났던 게릴라들이 돌아왔다. 마소는 사바나 쪽으로 자신의 부대와 함께 이동한다는 소식을 가져왔다. 또 포로로 붙잡은 호위대를 데리고 있다는 소식도 가져왔다. 500명의 바야모에서 오는 또 다른 호위대를 벗어나기에는 부대가 충분하지 않았다. 11일까지 그들과 함께 체류했다.

다음날, 그들은 하티아로 떠났다. 까우또 길을 올랐고. 도스리오스[177]의 평원에 있는 파체코[178]의 버려진 임시막사까지 콘트

176) Bartolomé Masó
177) Dos Rios
178) José Rafael Pacheco

라마에스트레를 가로질러야 했다. 그러나 8킬로 앞에 아름다운 농원 부엘타그란데(Vuelta Grande)라는, 진을 치기에 더 좋은 장소가 있었다. 그리고 거기에 캠프를 쳤다. 콘트라마에스트레의 어귀였고 까우또와의 합류점 가까운 곳이었다. 마지막 날의 마지막 진영이었다!

하티아에서 마소의 행방을 추적할 수 있게 되어, 그는 마소에게 편지를 보냈다. 까마구에이의 여러 애국자들에게도 편지를 썼다. 하티아로부터 안토니오 마세오 장군에게 보낸 편지에서 마르티는 그에게 표현했다. "내 안에 있는 그를 보십시오, 싸우는 자 그 이상이 아닙니다. 나는 전투에서 이기고 단련되는 모든 것을 돕고자 합니다." 고메스와 함께 지구아니 지역의 대장과 공무원에게 전달되는 회람에 서명하여, 적에게 가는 식량 통과를 금지할 것을 명령했다.

마르티는 대장들과 장교들에게 보낼 일반적인 지침을 쓰기 위하여, 그리고 편지를 쓰기 위하여 집무실에 있었다. 하늘은 종종 비 때문에 울적했다. 그리고 진흙탕 대지도 그랬다. 그의 일기에서 기록하고 있다. "침울과 비통으로 생각하고 있기 때문에, 나는 나쁜 상태로, 거의 쓰지 못하고 있다."[179)]

마르티는 캠프에서 계속해서 읽고, 쓰고, 병사들과 이야기했고, 고메스는 주위를 조사하기 위해 나갔다가 로사리오 파체코의 집으로부터 돌아왔다. 16일은 잦은 비로 컴컴한 하루였다.

179) 일기 카보 아이티아노에서 도스 리오까지, en OC, t.19, p.240.

고메스은 자주 주변을 둘러보고 있었다. 다음날, 40마리의 말과 함께 바야모의 호송대를 방해하러 나갔다. 마르티는 대장들에게 지침서를 쓰기 위하여, 그리고 마소를 기다리기 위하여 진영에 머물러 있었다.

5월 17일 마르티는 약 12명의 사람들과 함께 진영에 남아있었다. 고메스 장군은 두 번째로 약 40여 명의 군인들과 길을 나섰다. 히메네스 데 산도발 대령이 이끌고 있는 스페인 군대를 통해 전진하는 적의 호송대를 공격하기 위해서였다. 그러나 차단하지 못했다.

5월 18일 고메스는 호송대의 통행을 기다리면서 매복한 채 머무르고 있었다. 드디어 바르톨로메 마소 장군이 그의 충분한 파견대와 함께 진영에 도착했다. 마르티는 진영(라파엘 파체코의 집)에서 멕시코인 친구 마누엘 메르카도에게 편지를 쓰기 시작했지만, 끝내지는 못했다. 벌써 밤이었고 300명의 기수들이 도착한 것이다. 위대한 친구, 때때로 그에게 형제이기도 아버지이기도 했던 마누엘 메르카도에게 쓴, 하지만 마무리를 하지 못한 이 문서는 그의 정치적인 유언으로 알려져 있다. 그는 이 편지에서 쿠바 독립을 위해 투쟁하도록 동기를 부여하는 이유를 설명하면서, 이는 쿠바인을 위한 것뿐만이 아니라 모든 라틴아메리카인들과 안틸라스 사람을 향한 관심이라는 것을 강조했다. 필요하다면 죽을 때까지 투쟁할 결심과 자신의 반제국주의를 명확하게 표현하고 있다.

이미 나는 매일매일 나의 국가에게 그리고 나의 임무에게 나의 생애를 바치는 위험 속에 있네. 그 임무는 -나는 그것을 이해하고, 그것을 실현시킬 의지를 가지고 있기 때문에- 미국이 안티야스 제도를 통해 뻗어가는 것과, 그리고 그 강한 힘으로 우리 아메리카 대지 위에 떨어지는 것을 쿠바 독립으로 제 시간에 막아내기 위한 것이라네. 그것을 위해 오늘까지 한 것은, 또 할 것은 얼마나 될까.(...) 괴물 속에 살았고, 그리고 그 감춰진 속내를 잘 알고 있다네. 나의 돌팔매는 바로 다윗의 그것이라네.[180]

그리고 "원하는 죽음으로 높이 일으킬"[181] 의무를 말한 후에 자기 자신에 대하여 말하려고 할 지점에서 마르티는 할 수 없이 펜을 놓아야 했다. 기억과 고뇌를 생생하게 하는 저 불가피한 적막 안에서, 가슴의 비탄으로 쓴 한 장의 편지, 그가 쓴 마지막 문장들, 거기에 빛나는 고백의 섬광과도 같은 몇 줄에 그의 소명이 분출하고 있다.

19일, 마소가 도착하기 전날 밤 마르티는 그들이 진을 쳤던 부엘타 그란데 농장까지 행진을 계속했던 기병대에 휴식을 줄 것을 총사령관에게 통보했다. 고메스는 마소와 그의 군대를 마르티와 협력하여 형성될 수 있도록 부엘타로 향했다. 마르티는 마소와 함께 부엘타 그란데 진영으로 이동했다. 정오에는 자신의 병사들과 함께 돌아온 땀투성이의 고메스 장군과 다시 합류

180) en OC, t.20, p.161
181) 서간집, t.5, p.252.

했다. 열광의 한가운데에 세 명의 대장들은 군대에게 차례로 열변을 토했다. 고메스가 해방군에게 열변을 토했고, 다음엔 마소가, 그후에 마르티가 연설했다. 처음엔 부드럽고 느렸다. 그리고 그 다음엔 뜨겁고 격렬했다. 고메스가 마르티에게 거의 흰색인 그의 말 위에 오를 것을 부탁했다. "대통령 만세!" 해방군들은 흥분된 채 외치며 대통령에게 갈채를 보냈다. 그의 도착은 환희의 표현을 자아냈다.

잠시 후, 세 명의 대장들이 미래의 계획을 토의하려 할 때 전위병들이 왔다. 스페인군들이 고메스를 추적하며 왔다는 것을 알리는 급한 전갈이었다. 그들은 이미 가까이 다가와 있었다. 이미 도스리오스의 평원 쪽에서 총소리가 들려왔다.

"말을 가져와." 고메스는 크게 외쳤다. 군병들이 급히 조직되고 배치되었다. 고메스와 마르티, 마소, 보레로 등 다른 대장들이 종대 속으로 전속력으로 달려갔다. 콘트라마에스트레를 걸어서 건너 그리고 전투를 펼칠 평원을 확보하라는 명령이 떨어졌다. 강을 건너자마자 전투가 시작되었다. 숫자상으로도 우세한 적이 자연 지형과 바위들을 이용하면서 매복하면서 산으로 올라왔다. 전위병이 적의 출현을 알렸을 때로부터 채 2시간도 되지 않은 시간이었다. 도스리오스 빈터에서 전략을 펼친 스페인군의 히메네스 데 산도발 대령이 지휘하는 600명 이상의 군대와 대결해야 했다. 고메스 총사령관은 말을 탈 것을 명령하고, 마소와 300명의 기수들은 그를 따랐다. 마르티는 두 명의 숙련된 전사들과 말을 탔다. 그들은 콘트라마에스레를 가로질러 스페인 군대가 진을 치고 있는 곳을 향해 달렸다. 그리고 첫 마체떼오로 진군하고 있는 적을 제거하기도 했다.

쿠바인들은 파소 델 산타우르술라[182] 가까운 데서 재편성되었다. 공격이 시작되었을 때 고메스는 마르티가 방어를 위해 후방에 남을 것을 부탁했다. 때문에 처음엔 마르티는 전투를 도우면서 후방에 있었다. 청년 앙헬 데 라 구아르디아가 마르티와 함께 있었다. 거기서 쿠바 해방군들이 싸우고 있는 것을 보았다. 마소의 부관 중의 하나인 기병대는 도스리오스 보카의 작은 사바나에서 고메스와 보레로와 함께 오른쪽으로 그리고 왼쪽으로 진격하면서 전진하는 스페인군을 공격했다. 그러나 늦었다. 적들은 평원에 작전상의 위치를 이미 취했고, 공격을 펼치고 있었다. 쿠바군들이 강을 건너자마자 그들 군대는 분열되기 시작했고, 부득이하게 퇴각해야 했다.

일부는 아직 공격하고 있었고, 다른 일부는 후퇴하고 있었다. 뿔뿔히 흩어지는 그들을 연합시켜야 했다. 그것을 지켜보던 마르티는 앙헬 데 라구아르디아에게 앞으로 나아갈 것을 엄명했다. 전속력으로 열대 목초지 사이를 통해 콘트라마에트레를 향했다. 파체꼬의 오두막 쪽으로 달려나갔다. 손에 리볼버 권총을 들고 스페인 군인들이 내뿜은 소음과 발포 연기 사이로 전속력으로 달렸다. 하티아 숲[183] 깊숙이 들어갔다. 앙헬 데 라구아르

182) Paso del Santa Ursula

호세 마르티의 최후.

디아는 그를 뒤따르며 갔다.

무수한 관목 사이에 숨어있던 한 스페인군의 사격 소대에서 마르티를 쏘았다. 세 발이 이 애국자의 몸을 관통했다. 가까이 우거진 덤불 속, 일제사격은 그의 모든 것을 멈추게 했다. 열대 옻나무와 다가메나무[184] 사이에서 말에서 떨어졌다. 말도 부상을 당해 거꾸러졌다. 마르티는 피투성이가 된 채로 숨을 거두었다. 세 발의 총알이 그의 생애를 꺼버린 것이다. 얼굴은 하늘을 향한 채 그는 적의 발치에 남겨졌다.

---

183) Jatía : 약 10미터에 이르는 큰 야생 나무. 짙은 노란색으로 단단하고 밀도가 촘촘해 좋은 작품에 사용됨.

184) Dagame : 가장 화려한 꽃을 가진 나무 중 하나로, 꿀벌이 매우 좋아한다. 석회질과 돌이 많은 지형 쿠바섬 전체에 많으며, 단단하고 촘촘하며 옅은 황색을 띠고, 무거워서 쟁기 및 농촌 목공에 사용된다.

도스리오스에서 벌어진 전투에서 호세 마르티는 그렇게 전사했다. 모든 쿠바인들에게는 돌이킬 수 없는 상실이었다. 도스리오스의 입구의 전장에서, 군대를 통솔하는 고메스를 마지막 순간까지 마르티는 지원하고자 했다. 죽었을 때 그는 42살밖에 되지 않았다. 하지만 그 짧은 생애는 막대한 영적인, 시적인 그리고 정치적 유산을 남겼다. 그의 삶 모든 순간이 조국 쿠바라는 경계를 초월하여 보편적인 상속재산으로 전환되는 과정이었고, 탁월한 인간 차원에 대한 믿음을 입증하는 과정이었다.

말에서 떨어지면서 스페인군에게 뺏겼던 마르티의 유해는 5월 27일에야 안장된다. 몇 번의 이동을 거쳐 1951년 6월30일 완성된 영묘의 지하납골당에서 그의 유해는 참배되고 있다. 먼지가 된 육신은 거기 쉬고 있다. 하지만 그의 정신은 민중들의 가슴 속에서, 기억 속에서 계속 살아있고 언제까지나 계속 살아갈 것이다. 그가 지닌 인류애의 거울은 모든 사람을 위한 것이다. 쿠바 혁명은 그의 깊은 곳에 마르티를 품고 있다.

말에서 떨어져 숨을 거두는 직전까지 그를 인도하고 있었을 영혼의 자유를 믿을 수 있다면 "자유의 안부는 죽음의 행복을 준비한다"[185]던 그의 소명의식 또한 이해할 수 있지 않을까. 평소 그가 늘 가르치던 자유의지들은 그의 고독을 고독으로 내버려두지 않았고, 그의 죽음을 비극으로 만들지 않았다. 오히려 그의 소명을 빛나는 별로 새겼던 것이다.

---

185) O.C t.13, p.33.「Henry Ward Beecher」

자유는 끊임없이 실천되지 않으면 진부한 형식이 되고 만다. 마르티에게 자유는 쉴 수 없는 훈련이었다. 그의 작품 속에서 빛나는 자유의지는 자유를 추구하면서 스스로 죽음을 예비한 그의 생애를 고스란히 보여준다. 이러한 자유에 대한 명확한 의식은 마르티에게 진정한 평등 그리고 광범위한 민주적 가치를 꼼꼼히 구상하고 시대를 분석하게 만드는 힘이 아니었을까.

산티아고 데 쿠바의 산타 이피헤니아 국립묘지에 있는 호세 마르티의 영묘.
그가 한 시편에서 소망했던 대로 쿠바국기와 꽃송이로 안장되어 있다.

호세 마르티 연보

1853년
● 1월28일/ 쿠바 아바나에서 스페인 이민자의 가정에 태어나다. (파울라 41번가, 현재 레오노르 페레즈 314번지). ● 2월12일/ 산토 앙헬 쿠스토디오 교회에서 세례받다.

1862년
● 4월13일/ 마탄사스 콜롱의 관할권에 있는 농촌 마을감독에 임명된 아버지와 동행 아나바나에 머무르다. 12월 돌아와 짧은 체류였지만 자연과 자유를 이해하는 중요한 시절이 된다.

1865년
● 3월/ 스승 라파엘 마리아 멘디베가 지도하던 시립소년상급초등학교에 입학하다. 멘디베는 민족정신을 일깨우는 정신적인 아버지가 된다.

1868년
● 10월10일/ 카를로스 마누엘 데 세스페데스가 동부에서 쿠바 독립을 향한 최초의 무장 투쟁 '십년전쟁'을 일으키다.

1869년
● 1월19일/ 유일하게 한 호로 나온, 페르민 발데스가 발행한 신문에 첫 정치적인 논설 「절름발이 악마」를 발표하다. ● 1월23일/ 스스로 주관하고 발행한 신문 <자유 조국>에 희곡시「압달라(Abdala)」를 발표하다. 한 호에 그쳤다. ● 10월4일/ 페르멘의 집에서 마르티 서명이 있는 편지가 발견되는데, 스페인군 사관후보생이 된 친구를 비방하는 내용이었다. 이로 인해 구금된다.

1870년
● 3월4일/ 군법회의 재판에서 6년 노역형을 선고받다. ● 4월4일/ 백인들의 첫 번째 조에 배속되고, 113번으로 지정되어, 수도 아바나 감옥으로 이송되다. 오른쪽 다리에 족쇄를 고정시키고, 허리에 채운 쇠사슬로 하나로 묶인 채 산 나사로로 알려진

채석장 노동에 배정되다. ● 10월13일/ 부모가 다방면으로 펼친 구명운동 덕분에 죄를 감형받고, 이슬라 데 피노(누에바 헤로나)로 추방되다.

1871년

● 1월15일/ 증기선 기푸스코아호에 타고 첫번째 추방으로 스페인으로 떠나다. ● 3월24일/ 카디스에서 나오는 일간지 <소베라니아 나쇼날>에 그의 산문「엘 카스티요」를 발표하다. 이 원고는 4월에 세비야의 신문 <쿠에스티온 쿠바나>에, 7월에 뉴욕에서 발행하는 독립주의자 신문 <레푸블리카>에 재수록된다. ● 5월31일/ 마드리드 중앙대학의 법학부에 대안교육 학생으로 등록을 신청하다. 역시 마드리드 아테네오에도 가입하다. ● 7~8월(?)/ 카를로스 사바우예의 원조로 소책자「쿠바의 정치범 감옥」을 발간하다. ● 11월27일/ 아바나에서 아바나대학 의대생 8명이, 불경하다는 죄목으로, 재판도 없이 총살당하는 사건이 발생하다.

1872년

● 6월/ 아바나 의대생 사건에 대해 저항하다가 스페인으로 추방된, 친구 페르민 발데스를 맞이하다.

1873년

● 2월15일/ 첫 공화국을 선언한 스페인을 향해「쿠바 혁명 앞의 스페인 공화국」을 쓰고, 마드리드에서 발행하다. 이 주장은 4월에 세비야에서 나오는 신문 <쿠에스티온 쿠바나>에 다시 실리다. ● 5월(?)/ 마드리드 중앙대학에, 사라고사의 문과대학으로 이전 인가를 신청하고, 페르민과 결속, 사라고사로 향하다.

1874년

● 6월25-27일/ 사라고사 연구센터에서 미술부분 전문 과정 두 개의 심사에 합격하지만, 수수료를 지불하지 못해 졸업장을 가져오지 못한다. ● 10월24일/ 마지막 심사를 통과하고, 철학과 문학 학사 학위를 취득하다. ● 12월(?)/ 가족이 미리 가있던 멕시코로 가기로 결정하고 페르민과 동행, 파리로 여행하다. 거기서 빅토르 위고를 만난 것으로 추정.

1875년

● 1월2일/ 대서양 횡단 정기여객선 셀틱호 3등칸을 타고 멕시코를 향하다. 2월10일 한달 이상의 여행 끝에 멕시코시티 부에나비스타역에서 가족을 상봉하다. 아버지와 동행한 마누엘 메르카도를 만나다. ● 3월2일/ 신문 <레비스타 유니버샬>에 멕시코에서의 첫 칼럼을 발표하다. ● 5월7일/ <레비스타 유니버샬>에 오레스테스라는 익명으로, <Boletin>이라는 논설 성격인 난에 연재를 시작하다. ● 아내가 될 카르멘 사야스 바산을 만나다.

1876년

● 2월20일/ 개혁주의자 조직인 <멕시코 노동자 대집단>[1]의 기관지인 <페델리스타>에 기고를 시작하다. ● 12월7일/ <페델리스타>에 그의 논설 'Alea Jacta est[2]'을 발표하다. 거기에서 떼하다 대통령을 끌어내린 뽀르피리오 디아스 장군이 권력 사용 수단에 대해 비난했다. 며칠 뒤 <페델리스타>에 새로운 정부를 비판하는 텍스트 「상황」이 실린다. ● 12월16일/ 논설 「이방인」을 발표하다. 이 글에 한 장군의 의해 지배되는, 멕시코에서 계속 살 수 없는 이유가 노출된다. 과테말라로 갈 계획을 세운다.

1877년

● 3월4일/ 아바나행 증기선 에브로호에 오른 그의 가족들과 이별하고 다음날 카누를 타고 중앙아메리카로 여행을 시작하다. ● 4월2일/ 한 달 가까이 걸려 과테말라의 수도에 도착. 이후 쿠바인 호세 마리아 이사기레가 교장으로 있는, 노르말 학교의 교수회에 임명되다. ● 11월3일/ 그의 웅변적 특성을 우스꽝스럽게 빗대어 "급류박사"로 부르는 음해 세력들이 나타나다. ● 12월20일/ 멕시코의 수도, 사그라리오 메트로폴리타노 교구에서 카르멘 사야스와 결혼하다.

1878년

● 1월9일/ 아내와 함께 과테말라로 돌아오다. 노르말 학교에서 다시 수업하다. ● 2월10일/ 1차 독립전쟁이 끝나고 쿠바는 스페인과 산혼조약을 맺다. ● 4월20일/ 과테말라를 떠나려는 의지를 표현. 6월에 쿠바로 돌아가기로 결정하다. ● 8월31일/ 아내와 함께 아바나에 도착하다. ● 11월22일/ 유일한 아들, 호세 프란시스코 마르티이 사야스 바산이 태어나다.

1879년

● 8월24일/ 작은 전쟁(Guerra Chiquita)라고 알려진, belico[3] 저항운동이 시작되다. ● 9월17일/ 갑자기 그의 집에서 체포되다. 총독은 보고도 재판도 없이 세우따(북아프리카에 있는 스페인령 항구)로 국외추방이 준비되다. ● 9월25일/ 두 번째 추방, 증기선 Alfonso Ⅶ호를 타고 떠나다. ● 10월11-13일/ 산탄데에 도착, 감옥으로 보내져 세우따로 이송준비 되었지만, 여행에서 만난 라레도 의원인 세티엔이 보석금을 내고 보증하면서 감옥에서 나오다. ● 12월20일/ 프랑스의 대서양 횡단 정기 우편선을 타고 미국을 향해 출발하다.

---

1) 'Gran Circulo Obrero de Mexico'
2) 로마 kdrns 이름. 독재자
3) 그다지 오래 계속되지 못함.

1880년

● 1월3일/ 뉴욕에 도착하다. ● 1월24일/ 스텍홀에서 이민자들 앞에 첫 연설을 하다. 이 「쿠바의 현실상황과 스페인 정치의 현재와 가능한 태도」로 유명해지다. ● 8월1일/ 갈릭스토 가르시아 장군이 이끌던 작은 전쟁 실패하다. ● 10월21일/ 뉴욕에 왔던 아내와 아들이 쿠바로 돌아가면서 첫 번째 균열이 생기다. 베네수엘라로 가기로 결정하다.

1881년

● 1월21일/ 베네수엘라에 도착. 제일 먼저 해방자 볼리바르의 동상을 찾아가다. ● 7월1일/ 자신의 문체로 전부를 채운, <레비스타 베네솔라나> 첫 호를 발간하다. ● 7월21일/ <레비스타 베네솔라나> 2호에 저항적 지식인 세실리아 아코스타의 죽음에 헌정하는 텍스트를 발표, 독재자 블랑코 장군의 분노를 샀다. ● 7월27일/ 나라를 떠날 것을 명령받다. 모든 것을 중지하고 다음날 새벽 미국으로 출발하다.

1882년

● 3월~4월/ 아들에게 헌정한 첫 시집 『이스마엘리요』를 발간하다. ● 7월15일/ 부에노스아이레스의 주요일간지 <나시온>에 연재를 시작하다.

1884년

● 10월18일/ 새로운 독립운동을 조직하고자 만난 '고메스-마세오 플랜 회담'을 가지다. 그 방법론에서 의견이 불일치하다. 이틀 뒤 결렬의 편지를 쓰다.

1887년

● 4월16일/ 뉴욕에서 우루과이 공화국의 총영사로 임명되다. ● 10월10일/ 이 날의 기념식이 열린 마소닉 템플에서 다시 연설을 시작하다. 이민자들의 정치적 삶을 재통합하기 위해 나서다.

1889년

● 3월25일/ 쿠바민족을 모략하는 글에 응답하는 「쿠바의 옹호」를 <이브닝 포스트>에 발표하다. ● 7월/ 히스파노아메리카 아이들을 위한 월간 잡지 《황금시대》 첫 호를 발간하다. 4호까지만 간행됨. ● 9월28일/ 아메리카 국제콘퍼런스의 예비 교섭의 상황에 관하여 첫 칼럼을 쓰다.

1890년

● 1월22일/ <라 리가 교육보호협회>를 함께 창설하고 연설하다. ● 7월24일/ 마르티가 뉴욕에서 아르헨티나 공화국 영사로 임명되다. ● 7월30일/ 파라과이 영사로 임명되다. ● 12월6일/ 뉴욕 히스파노아메리카문학협회의 회장에 당선되다. ● 12

월23일/ '아메리카 국제통화위원회'에 동우루과이공화국의 대표로 임명되다.

1891년

● 1월1일/ 뉴욕의 <레비스타 일루스트라다>에 골수 에세이인 「우리 아메리카」가 빛을 보다. ● 5월20일/ 10년 가까이 연재해오던 <나시온>에 마지막 원고를 발표하다. ● 8월27일/ 뉴욕을 오고가던 아내는 그를 포기하다. 최종적으로 결별하다. ● 8월/ 두 번째 시집 『소박한 시』를 출판하다. ● 11월16일/ 탐빠의 이그나시오 아그라몬테 클럽 회장 네스토르 L.의 초대를 받다. ● 11월26일/ 사흘전 탐빠에 도착, 이민자 애국클럽의 대표들과 함께 모임을 가지다. 밤에 「모두와 함께, 모두의 행복을 위하여」를 연설하다. ● 11월27일/ 아이보르시티에서 '쿠바 애국자 연맹'의 회원을 수락하다. 쿠바문학회에서 「새로운 소나무들」을 연설하다.

1892년

● 1월3일/ 까요우에소 이민사회의 중요한 지도자들과 지속적으로 회합을 가지면서 쿠바혁명당의 토대와 비밀 규약을 빈틈없이 명료하게 만들어가다. ● 1월8~9일/ 탐파에서 문서를 토론하고 역시 동의를 구하다. ● 3월14일/ 쿠바혁명당의 공식적인 대변 신문으로 <Patria>를 발간하다. ● 4월8일/ 까요우에소와 탐빠, 뉴욕 클럽들에 의해 쿠바혁명당(PRC)이 창설되다. 대표자로 호세 마르티가, 재무관으로 벤자민 게라가 당선되다. ● 8월31일/ 카리브해로 여행, 도미니카공화국의 몬테크리스티에 도착하다. 핑카 라 레포르마에 있는 막시모 고메스 총사령관을 만나다. 며칠 후 고메스는 해방군 군대의 지휘권을 수락하다.

1893년

● 5월25일/ 안틸라스 제도로 새로운 여행을 시작하다. ● 5월27일/ 「쿠바로 향하는 쿠바혁명당」 선언을 <Patria>에 발표하다.

1894년

● 5월12일/ 기금 마련과 전쟁준비를 위하여 코스타리카, 푸에르토리코, 파나마, 자메이카로 여행하다. 7월2일까지 판치토와 동행한다. ● 12월8일/ 아바나의 후안 괄베르토 고메스에게 봉기 계획을 작성해서 보내다.

1895년

● 1월12~15일/ 페르만디나 계획이 실패함. ● 1월29일/ 마르티는 마이야 로드리게스와 엔리께 코야소와 함께 쿠바에서 전쟁의 시작을 알리기 위한 봉기의 순서를 작성하다. ● 2월24일/ 밤시간에 고메스의 핑카에 도착하다. 이날 쿠바에서 애국지사들의 열기 속에서 봉기의 함성이 일어나다. 최후의 독립전쟁이 시작됨. ● 3월25일/ 마르티와 고메스가 전쟁 명분을 담은 '몬테크리스티 선언'에 서명하다. ● 4월1

일/ 마르티 원정대는 몬테크리스티에서 자정에 쿠바를 향해 출발했다. ● 4월11일/ 깊은 밤 해안 3마일 쯤에 배를 내려 집중호우 한가운데에서 동쪽 지방의 남쪽인 까호바보에 가까운 La Playita 해안에 도착하다. 거기서부터 황량한 바라코아 지구를 걸어서 행진하기 시작했다. ● 5월19일/ 도스리오스에 주둔하면서 일어난 전투에서 적의 총탄에 전사하다. ● 5월27일/ 오늘날의 국립묘지가 건축되는 동안 몇 군데 이동했다가 체류했다. 마침내 1951년 6월30일부터 영묘에서 쉬고 있다.

<참고도서>

『Nuestro Martí』, Herminio Almendros, 2012, Centro de Estudios Martianos

『Obras Completas』1권~26권, Editorial de Ciencias Sociales, La Habana, 1975.

별의 이상을 꿈꾸다

우리들의 마르티

초판 인쇄 2020년 7월 27일
초판 발행 2020년 7월 31일

공동 번역 이연실 장현수 조소현 김수우

펴낸이/ 남기수
펴낸곳/ 도깨비
출판등록. 제 1989-3호(1989년 5월 8일)
주소. 부산광역시 북구 금곡대로 268. 102-1004(화명동)
전화. 051-518-1591

ISBN 978-89-88104-59-0 03890
책값은 표지에 있으며, 잘못된 책은 바꾸어 드립니다.

이 도서의 국립중앙도서관 출판예정도서목록(CIP)은
서지정보유통지원시스템 홈페이지(http://seoji.nl.go.kr)와
국가자료종합목록 구축시스템(http://kolis-net.nl.go.kr)에서
이용하실 수 있습니다. (CIP제어번호 : CIP2020019552)